あの会社はこうして潰れた

帝国データバンク情報部
藤森 徹

日経プレミアシリーズ

まえがき

「無倒産時代」に突入している。リーマン・ショック後の2009年12月に「中小企業金融円滑化法」が施行、銀行から借金返済の猶予を受けた約40万社の企業が延命された。結果、企業倒産は2010年以降7年連続で減少しており、「危ない会社」が潰れない「無倒産時代」が続いている。

ある地方銀行の本部から、こんな相談があった。「倒産を知らない若手支店長に現場を教えてほしい」。25年間、数千社の倒産現場を見てきた私はその言葉に驚いた。倒産件数の減少で、実際の倒産現場経験がない銀行マンが多いというのだ。確かに、これほど企業が倒産しないとなると、そのような支店長がいても不思議はない。

16年の企業倒産は8164件。実際に日本経済や企業取引に影響を与えている。そしてまたいつか、倒産ラッシュの日々が来ないとも限らない。

15年5月から日本経済新聞電子版で掲載が始まった「企業信用調査マンの目」は倒産事例を整理し、「あの会社はこうして潰れた」ことをコラムにまとめたものだ。金融や証券会社、大手上場ゼネコンなど世間を騒がすような事例はない。どこにでもある中小企業を主に取り上げた。

倒産の裏側を取材すると、今の日本経済が抱える問題が浮かび上がる。産業構造の変化、高齢化による人手不足や、事業承継問題。為替の変動に翻弄され、巨額の損失にあえぐ経営者。また赤字経営を隠蔽するため、不正会計に走るケースもあった。闇経済に跋扈《ばっこ》する人脈などにもたどり着いた。様々な要因、人脈が絡み合い、企業は倒産していった。

取引先企業が倒産すると、貸倒れによる収益悪化、不良債権による連鎖倒産など、そのダメージは大きい。どうすれば企業は潰れるのか、なぜ倒産が防げなかったのか。また予兆はどう判断し、倒産を予測するには何が必要か。本稿は実際の倒産事例をもとに、起こりやすい傾向、陥りやすいポイントにも言及した。

中小企業の経営者、営業マン、金融機関など、企業経営に関わる全ての企業人に活用してもらえる構成をとった。

また倒産には、想像を超えるシナリオが用意されている。思いも寄らないトラブル、複雑に絡まる利害関係、先の読めない世界情勢など、リアルな企業ドキュメンタリーとして幅広い読者に手にとってもらいたい。

最後に、電子版連載の機会を作ってくださった日本経済新聞社編集局の石塚史人さん、3年にわたる連載に際し、テーマ選定から構成まで助言と指導をいただいた日本経済新聞社デジタル編集本部コンテンツ編集局の中沢康彦さん、また本書の企画・編集にあたりご尽力いただいた日本経済新聞出版社の野崎剛さんをはじめ、取材に協力いただいた数多くの関係者全ての方々に感謝の意を表したい。

なお、本書の書名には「潰れた」とあるが、本書に登場するすべての企業が倒産したわけではないことをお断りしておく。

2017年4月

藤森　徹

目次

第6章　闇経済、不正、詐欺の舞台裏

第1章

構造変化に呑まれた企業はこうなる

スマホがとどめ
老舗ゲーセンのザ・サードプラネットが破綻

身近な娯楽として人気の高かったゲームセンターが、スマートフォン（スマホ）を活用したソーシャルゲームの普及で窮地に立たされている。大型ゲームセンターを全国に展開するザ・サードプラネット（静岡市、長野和史社長）は2015年6月29日、東京地方裁判所に民事再生法の適用を申請。一時は100億円近い売り上げがあり、この業界の老舗ともいえる企業の隆盛と衰退を検証してみたい。

■市場が8年で4割減少

ゲームセンターの苦戦が続いている。公益財団法人日本生産性本部の「レジャー白書」の余暇市場の推移調査によれば、ゲームセンターの市場規模は2015年が4050億円。ピーク時の07年の6780億円と比較すると、8年で40・3％減となっている。

近年特に目立つのは、オンラインソーシャルゲームの影響だ。業界構造が変化し、15年のオンラインソーシャルゲームの市場規模はゲームセンターの約2・4倍の9630億円に拡大している。

　ゲームセンター特有の事情もある。利便性を高めるため、ほとんどの施設では機器が１回１００円など「ワンコイン」で遊べる設定にしている。その分、値上げが難しく、14年４月の消費増税分は価格転嫁がほとんどできていない。

　ザ・サードプラネットは「Ｂ・ｉＶ・ｉ」「フレスポ」などのゲームセンターを運営し、業界では知られた存在だった。設立は05年３月だが、前身の総合レジャー関連企業は１９８３年８月の設立。ゲームセンターの運営は30年を超え、業界で老舗企業の位置づけだ。

　テレビＣＭを行ったほか、ロックバンドＴＨＥ　ＡＬＦＥＥの高見沢俊彦氏がデザインした「プラミン」や「ブッヒー」をキャラクターとして使い、知名度の向上を図った。業界でクレーンゲーム、プリントシール機（プリクラ）といったヒット機器が出たことを追い風に、東北から九州まで直営店舗を16店まで拡大。大型ショッピングモールなどの増加に合わせてフランチャイズ店舗の開拓も進めた。一時は株式上場を目指し、ピーク時となる07年３月期には年商約99億１２００万円を上げた。

　しかしそれ以降、ザ・サードプラネットは大きな岐路に立たされる。わずか２年後の09年

3月期には、売上高はほぼ2割減の約82億円、最終利益は4億円を超える赤字となった。その後も集客数、客単価ともに振るわず3期連続最終赤字を余儀なくされ、累積損失はついに10億円を超えた。

理由の1つは行きすぎた店舗拡大だ。市場調査が不足し、採算性の検証が不十分なままの出店が相次いだとみられる。その代償は大きく、退店時に固定資産の除却損が膨らみ、赤字が積み上がる悪循環に陥った。

景気低迷の影響も大きい。お膝元の静岡県東部は同業者の攻勢が厳しく苦戦が続いた。店舗のある同県西部は自動車関連企業の就業者が多く、リーマン・ショックの影響をもろに受けた。既存FC契約企業の倒産なども重なり、急速に業績が低迷していった。

赤字続きの経営でキャッシュフローが乏しいため、リニューアルが後手に回った。ゲーム機器や施設の陳腐化はさらなる客離れを招いた。そこにスマホを活用したソーシャルゲームの普及と消費増税の影響が襲いかかり、経営が行き詰まった。

15年6月30日に必要な約8000万円の支払いが不能な状況となり、前日の29日東京地裁に民事再生法の適用を申請。負債総額は店舗の出店費用などで膨らんだ銀行からの借入金約

45億円を含む約60億円。それでも、30年を超える業歴で培ったノウハウは失われるものではない。6月30日に開催された債権者説明会ではスポンサー候補としてHANA（山口県下関市）が名乗りを上げていたが、後に正式決定。別会社へ事業を継承している。

市場が縮小しているとはいえ、ゲームセンターは手軽な娯楽としての存在意義はあるはずだ。東日本大震災のあとには、娯楽を失った地域の人たちの憩いとなったともいわれる。だからこそ、やみくもに拡大戦略を打ち出すのでなく、経営環境の変化を冷静に分析し、必要な手を打つ。それこそが老舗企業に必要だったのではないか。

「大B反市」の京都きものプラザ
構造変化に沈む

消費者の嗜好変化による深刻な呉服離れが続いている。総務省の家計調査（2016年）によると、呉服の購入金額は10年間で半減している。「京の着倒れ」と言われたほど、消費者にとって魅力的だった呉服は、衰退の途をたどっている。こうした中で、京都きものプラザ（京都市）は2級品をそろえた「大B反市」で1990年代に業績を伸ばした異色の存在だった。しかし、新たな変化の波に直面して2015年4月に事業を停止。同年6月に破産手続き開始決定を受けた。和装文化を支える呉服業界の抱える課題を探る。

■歴史があるだけでは経営が成り立たない

呉服業界は長らく冬の時代が続いている。帝国データバンクの企業倒産データでは2000年から16年までで1216社の呉服関連企業が経営破綻。もっとも多かった00年では1年間で114社が倒産し、連日倒産のニュースが駆けめぐった。当時、呉服商集積地の京都・室町かいわいでは「N・T・Tドコモ」という隠語がささやかれた。「次につぶれる呉服問屋」のイニシャルに「今や呉服商はどこも危ない」を加えた笑えないジョークだった。不況の荒波は老舗も呑み、14年5月に自己破産した安田多七商店（京都市）は1867年（慶応3年）の創業。11年1月には1906年（明治39年）7月創業のワタイク（京都市）が自己破産。歴史があるだけでは経営が成り立たないことが改めて浮き彫りになった。

呉服市場は10年で半減している（総務省）

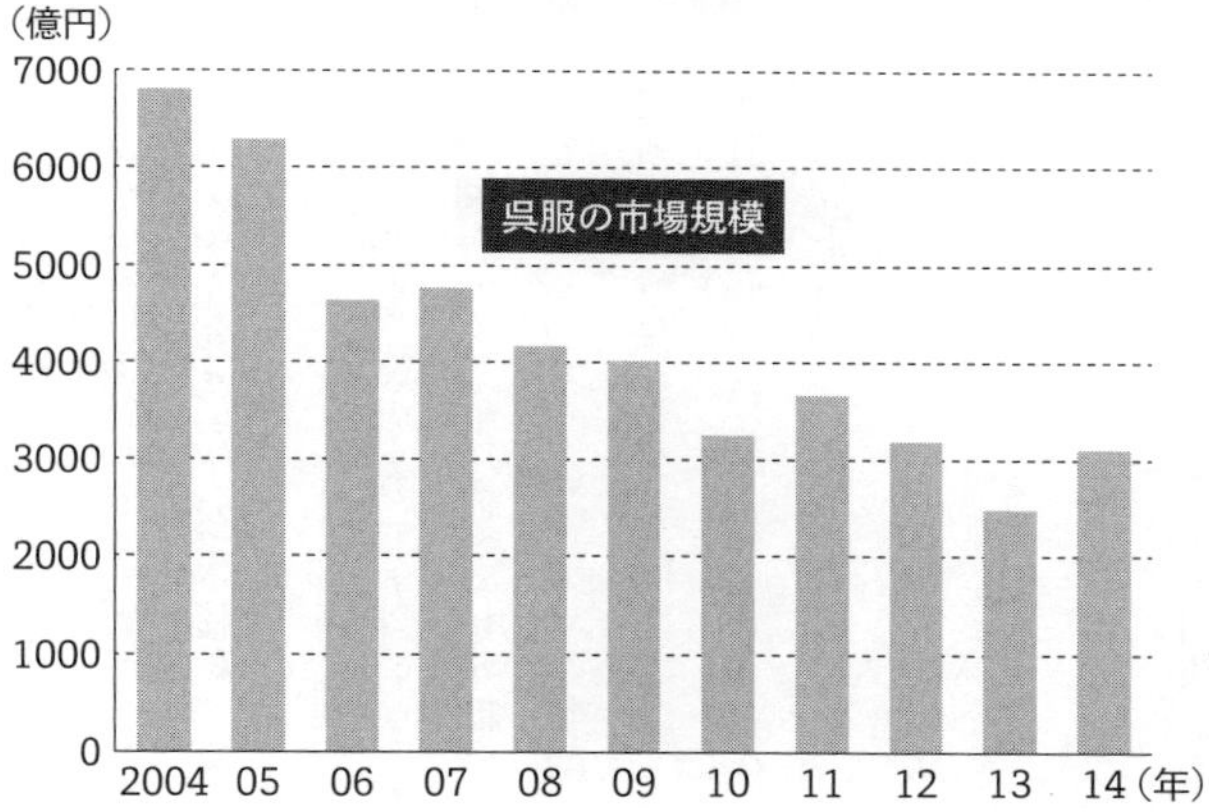

業界を揺るがす事件も起きた。愛染蔵（あぜくら、大阪市、06年自己破産）は必要のない商品を売りつける「過量販売」でお年寄りらに多額のクレジット契約を結ばせ、社会問題になった。商品を買うまで顧客を帰さない「展覧商法」と呼ばれる強引な接客によって、数百万円を超える借金を抱えた人が続出。１００人以上の被害者が愛染蔵に集団訴訟を起こした。和解したものの、愛染蔵はその後自己破産を申請。代金返却ができなくなり、被害者弁護団は、クレジット会社を訴えた裁判を起こして勝訴。08年には改正割賦販売法が施行された。

不景気な話ばかりの呉服業界にあって、京都きものプラザは呉服商から販売に転換。「大B

反市」と銘打った催事販売で90年代に業績を伸ばした。B反とは「織物にキズ、織りムラがある」「目立たない汚れがある」などの反物。その分、価格は安く、「呉服は高い」という常識を覆して人気を集めた。最高価格でも38万円に絞り、デフレ経済における新たな需要を取り込んだ。

販売面では自前の店舗を持たず、百貨店の催事に出店。ピーク時には全国で7つの販売チームが全国を回り、週末などに年間約220回のB反市を開いた。接客では、顧客に販売員がついて回る「つきそい営業」が特徴で、集客のためにテレビコマーシャルやチラシで告知。特に多くの宣伝を行った関西では、大B反市といえば多くの人が知る催事になった。稼ぎ頭の婚礼用着物では、B反と正規品のセット販売を行うなどで客単価を上げ、2004年7月期には売上高約26億円を計上した。

しかし、ここから下り坂が続いた。大きく響いたのは、呉服のインターネット販売の拡大だった。ヤフーや楽天などのショッピングサイトに、京都の呉服専門店が出店。着物はカジュアルウエアと同じ感覚で購入できるようになった。関係者は「ネットの場合、つきそい営業にかかる人件費が不要のため、正規品でもB反と同じか、安く販売できるようになった」と分析する。

呉服業界の二極化も響いた。市場縮小により、流通側はより高額な呉服にシフト。消費者側も「高いものは品質も良い」と、より高価なものを求める傾向が出ている。その一方で、東レが開発したシルックなどのように化繊原料による大幅なコストダウンを図ったものや、着付けの知識が不要で、簡単に着られるセパレート着物など、安価で気軽に購入できるタイプも増えている。これに対して、京都きものプラザの商品戦略は中途半端だった。業績が低迷する中で、採算の取れない催事を取りやめるなどしたが売上高は減少の一途をたどり、08年以降6期連続営業赤字となった。売上高は13年7月期に6億円にまで落ち込んだ。

それでもここから京都きものプラザが数年間持ちこたえたのは呉服業界独特の商習慣があったからだ。「台風手形」と呼ばれる長期の支払いサイトの約束手形では、手形を振り出してから、決済するまでの期間（手形サイト）が210日近い。呉服は通常、商品を仕入れてから販売して現金化するまで時間がかかるためだ。呉服問屋から納入後も売り上げを立てずに「預け品」として処理する「委託販売」もある。それでも売り上げは改善しなかったため、15年4月に事業を停止。同年6月に破産手続き開始決定を受けた。

■絶えず変化しなければならない

呉服業界では、生き残るために時代の変化に合わせた対応力がこれまで以上に重要になっている。ネット販売へのシフトを進めるほか、「洗える着物」を開発するなど、縮小する市場に対応すべく変化を遂げた会社もある。京都きものプラザは、消費者の変化に対する次の一手が打てなかったといえる。

これは呉服業界だけの話ではない。和菓子、清酒などは老舗が多いが、外部環境や嗜好の変化に見舞われ低迷する企業が少なくない。一方で100年、200年と続く会社もあり、長寿企業の経営者はこう口をそろえる。「会社は長く続いても、経営、商品は絶えず変化させないと生き残れない」。

アベノミクスの風吹かぬ中小建設会社、破綻の公式
岩本組

大手ゼネコン（総合建設会社）の業績が好調を続けている。2020年の東京五輪をにらんだ再開発需要を追い風に受注単価が上昇、採算が改善しているためだ。しかし、中小の建設会社に目を向けると違った景色が見えてくる。入札価格のたたきあい、赤字受注、じり貧の末の経営破綻といった旧態依然の構図がなくならない。なぜ、大手と中小で格差が生じるのか。

■公共工事が致命傷

皇居新宮殿の建設に関わった吉村順三。女性建築家の草分け的存在である林雅子。こうした著名な建築家の設計物件を特命で数多く手掛けていた建設会社が2014年、経営破綻した。東京・田端に本社を置いていた岩本組。1933年創業の老舗で、過去の施工実績の一覧は銀座の高級マンション、小説家や芸能人、大手エネルギー会社トップの邸宅など実にきらびやかだ。14年5月29日に東京地裁に民事再生法の適用を申請。負債総額は約21億4800万円だった。

特色ある高級路線が90年代のバブル経済の崩壊で曲がり角を迎えたという話なら分かりやすいが、岩本組が破綻したのは14年だ。このタイムラグの背景を探ると、中小建設会社の置かれた今の状況が透けてくる。

岩本組の売上高は最盛期の93年12月期には150億円を超えていたが、公共工事、民間工事ともに減少したことを受け減収基調が続き、06年12月には約45億5700万円になった。それでも元請け受注にこだわり、本業では何とか利益を確保しながらの経営が続いていた。

ところが11年の東日本大震災の影響から、資材不足、人手不足などが要因となり手掛けていた案件の工期遅れが発生する。また施工予定であった都営住宅の新築工事で土壌汚染問題が発覚し、着工の遅れも重なった。工事の遅れは即採算に影響する。作業員の確保、レンタルしている機器、施工管理など様々なコストが追加で発生し重くのしかかるためだ。結果、11年12月期は2300万円の最終赤字となった。

厳しい局面を打開するためにはどうしたらいいか。「規模の大きい公共工事の仕事を取って一気に挽回」。建設業界のセオリーは昔から変わらない。岩本組は積極策に走り、警視庁宿舎の単独受注、東京都からの中学校校舎の新築工事のJV（共同事業体）受注といった大型の公共工事を相次いで落札する。

しかし、これが致命傷となった。もともと無理を重ねた受注で、採算は最初からぎりぎ

建設業の倒産件数

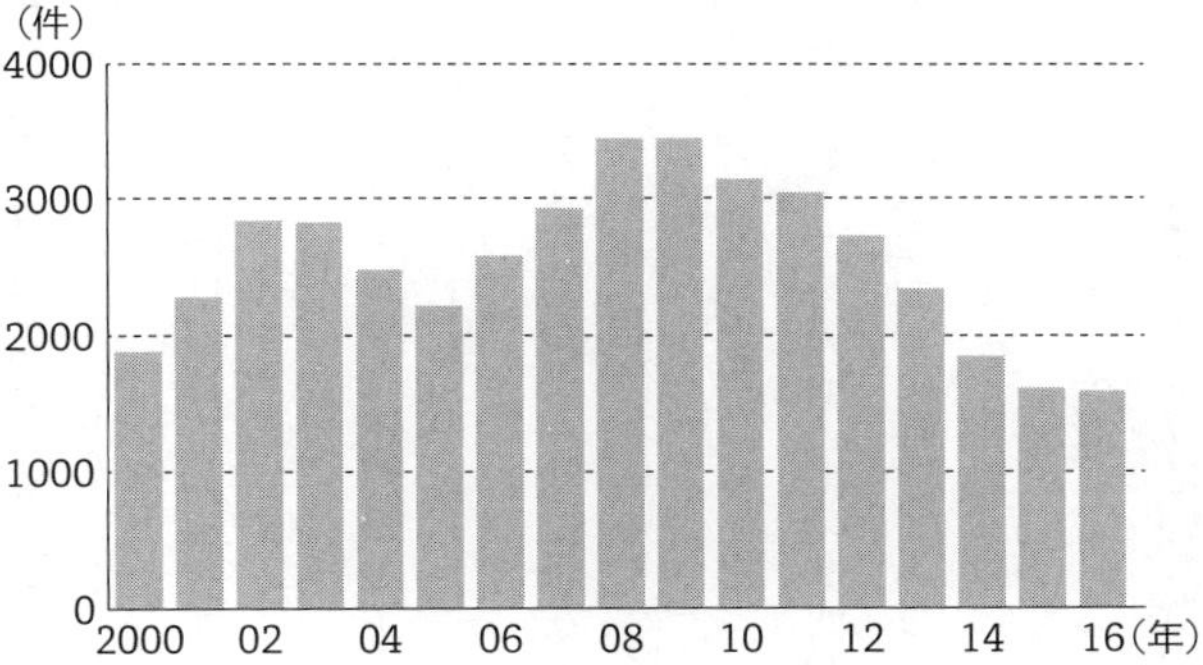

り。そこに震災復興需要などを受けた労務費と資材費の高騰がのしかかった。特に建設・サービス業界の人手不足は想定を超えて深刻度を増し、岩本組が下請けに支払う人件費は業者によって最低でも３割、最高で２倍に膨らんだ。中学校校舎は約15億円の落札案件だったのに、完成までにかかった費用は約22億円。一発逆転のはずの公共工事が、完全な赤字受注になってしまったのだ。

13年12月期は売上高43億円、最終赤字は６億円を超える。14年春には「支払い延期要請が出た」「値引き要請している」などの風評が取引先に伝わるようになり、５月の経営破綻となった。

■姉歯ショックで揺らいだ地元の雄

困ったときには公共工事に頼るしかない。そしてその公共工事の採算で会社の行く末が決まる。この構図は、都市部より地方のほうがより鮮明になる。

大分市に本社を置く後藤組は、九州では売上高ベスト10に入るなど地元では知られた業者だった。トンネルや高速道路の工事など幅広い公共工事を手掛け、ピーク時の1996年6月期には売上高約160億円を計上した。しかし、公共工事削減の影響に加え、耐震偽装問題に端を発する建築基準法改正などの影響で2008年6月期の売上高は約58億円に落ち込んだ。いわゆる「姉歯《あねは》ショック」だ。

姉歯ショックが業界に与えたインパクトは大きかった。建築確認申請の手続きが大幅に見直され、着工から完成までの期間が伸びた。結果、資金繰りがつかない業者が続出し、企業倒産数が跳ね上がった経緯がある。後藤組もその1社で、08年8月に大分地裁に民事再生法の適用を申請、負債総額は73億1300万円だった。

その後はリストラや資産売却による経営立て直しを進め、12年9月に再生手続きが終結した。しかし13年の売上高は約5億円にまでダウン。欠損計上が続くなかで財務が悪化したことで公共工事の入札に必要な特定建設業許可の更新ができない見通しになり、14年7月1日、大分地裁に今度は自己破産を申請した。１度目の民事再生法で、10万円以上の債権は89・6%がカットされ、弁済すべき再生債権は3億５０００万円にまで減額されていたが、6月30日の弁済資金のショートが2度目の破綻の引き金になった。負債額は再生債権を含めて41億１３００万円だった。

■技術力が買われスポンサー現る

東京五輪需要やアベノミクス効果で投資が拡大、建設工事が増えており、業界の倒産件数も減少傾向にあるのは確かだ。だが、主に恩恵を受けているのは大手で、中小が潤っているとは言い難い。人材、資材はまず大手が押さえ、採算のいい案件を獲得していく。一方、人手不足や資材の品薄感は会社が小さくなればなるほど深刻になり、工事案件も利の薄いものしか回ってこなくなる。２０１７年度からは社会保険等に未加入の下請け業者は公共工事の参加が認められなくなるため、対応できない会社の自主廃業が増加するとの見方もある。

結局は中小といえども「これだけは負けない」という得意分野や人材をひきつける技術力

を持つことが生き残りのカギとなる。前述の岩本組の破綻後の展開が、それを物語っている。技術者の派遣を手掛ける夢真ホールディングスが技術力に目をつけ、スポンサーに名乗りを上げたのだ。岩本組の事業を引き継ぐ新会社を子会社として、大工や左官などの職人を育成する新ビジネスを計画しているという。

スカイマークを怒らせた旅行会社の暗転
ロータリーエアーサービス

卒業、進学、異動、引っ越し――。毎年春の到来は旅行や移動シーズンの到来でもある。ただ、旅行会社は慎重に選びたい。代金を払い込み、後は出発するだけといったところで突如、旅行会社と連絡がつかなくなり、空港で待ちぼうけといったトラブルが少なからず起きている。帝国データバンクの調べでは、2010年から16年の7年間で245の旅行会社が経営破綻した。華やかに見えるトラベル業界だが、競争激化に加えて、インターネットによる航空券の直接購入などの影響で従来の手数料ビジネスが限界にきているという厳しい現実がある。

■信用不安を招く情報を公開された

売掛金の未払いに関する支払督促の申立を東京簡易裁判所に行いましたので、ここにお知らせいたします。当社と株式会社ロータリーエアーサービスは航空券販売に関する代理店契約を締結しておりますが、売掛金４００６万５５０円（支払期限＝６月８日）、および売掛金２４９６万９６３２円（支払期限６月20日）のいずれについても入金を確認することができませんでした。本日まであらゆる手段を考慮して返済計画を協議してまいりましたが、状況が進展する見込みがないことから本申立を行うに至りました。（原文より、一部略）

2012年6月25日、こんなプレスリリースが東京証券取引所や関連する記者クラブなどでまかれた。配布したのは、国内3位の航空会社、スカイマーク。ロータリーエアーサービスとは東京都新宿区に本社を置く中堅旅行会社だった。

事実とはいえ、上場企業が取引先の信用不安を呼びかねない内々の情報を対外的に公表するのは極めて異例だ。関係者によると、スカイマークの西久保慎一社長（当時）が見通しの立たない売掛金回収に業を煮やし、公表を直接指示したという。実際、ロータリーエアーは信用不安から立ち直れず、14年8月11日に東京地裁に自己破産を申請、経営破綻した。窮地に追い込んだ格好のスカイマーク自体が15年1月、東京地裁に民事再生法の適用を申請し、経営再建中を迫られたのは、皮肉な話だ。

ロータリーエアーは小さな旅行会社がひしめく業界の中では一歩抜きんでた旅行会社だった。１９７５年5月の設立で、代表者は栗原麟太郎氏。「ホープツアー」のブランドで、国内、海外旅行の企画・販売を大々的に手掛け急成長した。86年には全日本空輸（ＡＮＡ）との間で国内線航空券の販売受託契約を締結。旅行業者向けの国内販売総代理店として注目を浴び、ＡＮＡの航空券のホールセールを中心に事業をさらに拡大した。

しかし、転機が訪れる。ＩＴ技術の進歩により04年ごろから各航空会社がインターネットによる航空券の利用者への直販を本格的に始めたのだ。実質的な旅行業者の中抜きで、ロータリーエアーも航空券販売受託収入の大幅減少に見舞われた。そして、航空券を売るだけでは生き残りは困難と判断し、単価は低いが安定した収益が見込めるツアーバス事業に05年ごろ参入する。

ツアーバスの主催はロータリーエアーが行い、実際のバスの運行は子会社「旅バス」（東京・新宿）が実施。「キラキラ号」の名称で、ほかの交通機関より安い価格を売り物に、若者を中心とした利用客を囲い込んだ。当初は東京―名古屋間のみの運行だったが、需要に合わせて手を広げ、11年ごろには関東―北海道間を除く全国17路線にまでネットワークを拡充した。

しかし、急拡大はひずみも生じさせていた。まず、甘い収益見通しで始めたいくつかの路線が不採算となり、収益を圧迫し始めた。さらに11年3月の東日本大震災により、仙台、青森、秋田、山形など東北方面の路線が運行できない事態に見舞われた。原油高による燃料代の高騰も響いた。

■バス事故で利用者が離れる

そこに業界他社の不祥事が追い打ちをかけた。2012年4月に関越道で発生した高速ツアーバスの事故だ。金沢・富山―関東間を片道3000円台で運行するバスが藤岡ジャンクション付近で防音壁に激突。乗客7人の命が失われ、乗客乗員39人が重軽傷を負った。ロータリーエアーが事故を起こしたわけではないが、ツアーバスの利用者離れは著しく、不採算路線が増加。長距離区間における運転手2人体制の義務づけなど、安全対策コストが増加したことで収益が悪化し、急速に資金繰りが逼迫した。

そんな苦境のまっただ中で起きたのが、冒頭のスカイマークによる売掛金未払いの公表だった。ロータリーエアーの信用不安が関係取引先の間で一気に広まり、じり貧になった。

翌年の13年3月1日、スカイマークは今度はロータリーエアーに対し債権者破産を申し立て、その事実を後日プレスリリースするという荒技を繰り出す。破産は債務者が自ら申し立てをする「自己破産」が多いが、債権者による破産申し立ても可能なのだ。ロータリーエアーが返済を再開したため、スカイマークは13年5月1日に破産申し立てを取り下げたが、著しい信用低下を招いたのは言うまでもない。

最後は国税局から売掛金、保証金などの主要資産が差し押さえられ万事休す。桜交通（福島県白河市）をスポンサーとして営業譲渡を行い、ロータリーエアーは破産手続きに入ることになった。

■航空券が届かない

日本旅行業協会の調べによると、2013年4月時点の旅行業者・代理業者の数は1万145社で、5年間で461社減った。厳しい競争環境の中では業者はあまり減っていないようにみえるが、これは「退出も多いが、新規参入も多いため」（中堅旅行社）であり、客の奪い合いは激化する一方だという。ロータリーエアーのように本業不振による経営破綻は今後一段と増える可能性が高い。

こうした競争激化で追い詰められた会社が、時として違法行為に走るケースもある。14年8月、警視庁は東京都新宿区にある旅行会社「レックスロード」の事務所を旅行業法違反（無登録営業）の疑いで家宅捜索し、12月には社長を同容疑で逮捕した。都の消費生活総合センターには「レックスロードに代金を払ったのに航空券が届かない」といった相談が数多く寄せられていた。

警察の調べなどによると、レックスロードは以前は旅行業の登録のある正規の旅行業者で、インターネットなどを通じて営業をしていたが、13年10月に登録の有効期限が切れ、14年1月には都に廃業届を提出していた。社長は「経営不振が続き、登録更新に必要な営業保証金を工面できなかった」と供述しているという。

■登録内容のチェックを

旅行業を行うには旅行業法に基づき登録を受ける必要があるのだが、その業務の範囲によって、第1種旅行業者、第2種旅行業者、第3種旅行業者、旅行業者代理業者に区分されている。第1種は海外・国内の企画旅行の企画・実施、海外旅行・国内旅行の手配など取り扱いの範囲が最も広く、第2種では海外の募集型企画旅行の企画・実施を除く業務に限定され、以下、業務範囲がさらに狭くなる。この登録は旅行業法の定めにより5年ごとに更新が必要で、さらにレックスロード社長の供述にあるように、顧客の保護を図るため一定の金額を営業保証金として供託することが義務づけられている。

つまり、旅行業者が経営破綻し債務不履行が発生したとき、顧客は一定の金銭的な弁済を受けることができるのだが、楽しみにしていた旅行計画が台無しになることには違いはない。

もちろん無登録業者の場合は、金銭的な弁済すら受けられないと考えてよい。個人が会社の経営状態を見抜くのは難しいが、情報収集には気を配りたい。何種の旅行業者で登録されているかを調べるだけでも、トラブルに巻き込まれるリスクをかなり軽減できるはずだ。

アベノミクス逆風
円安破綻した回転すしネタのクリエイトワンフーズ

アベノミクスの余波で円安傾向が続いている。中堅、中小、ベンチャー企業にどのような影響が出ているのか。帝国データバンクの調べでは、輸出依存度の高い自動車や電機関連の製造業の倒産が大きく減少する一方、食品、ファッション、生活雑貨などを扱う輸入企業では経営破綻が増加する気配が見え始めた。懸念をより深刻にしているのが金融機関の過去のトラウマで、為替の大きな変動に対するおびえが企業への金融サービス提供を萎縮させている。

■翻弄された糸魚川市

２０１３年６月27日、新潟県糸魚川《いといがわ》市議会の定例議会は、約２億円の税金を投じた企業誘致計画の頓挫を受けて、後処理の議論に追われていた。これは地元企業であるクリエイトワンフーズ（新潟市）が能生《のう》地区で計画していたイカの加工場の建設断念によるもの。50人もの新規雇用が見込める計画で、「地元に大きな経済効果をもたらす」として市議会議員全員が賛成した鳴り物入りのプロジェクトだった。

クリエイト社は12年２月に工場用地の確保について市に協力を要請。市は同社と基本協定を結んだ後、７０００平方メートル近い民有地を用地として購入し、道路の改良などの造成工事を進めていた。

クリエイト社が計画断念を市に伝えてきたのは工事がほぼ終わった13年３月ごろ。地元の期待を打ち砕いた理由は何か。アベノミクスによる「円安」が大きく影響している――。市議会ではこう報告された。

クリエイトワンフーズはイカの加工販売を手掛けていた東食品（東京・江東）の実質的な新潟工場として設立されていた。この東食品はモンゴウイカの専門業者として知られており、年間取扱高約１８００トンは業界首位の実績だ。最近までは回転すしチェーンで使用されるモンゴウイカの７割はこの東食品の加工品だったとの話もある。

社長の宮路勝信はもともとは新潟県の出身。地元の水産高校を卒業した後、築地の水産会社に入社した。その後独立して、１９７７年に東食品を設立し、直近ピークには年間売上高43億円の水産加工会社に育て上げた。業績拡大をけん引したのは、独自に開発したイカの加工技術だったという。回転すしのネタは一定時間空気にさらされるため、乾燥への対策が必要。そこで、品質を維持するためのｐＨ値を調整する加工を行うことで取引先からの評判を得ていた。

糸魚川市に工場建設計画の話を持ちかけた12年ごろは、東日本大震災の影響が残っていたものの、受注状況は回復していた。モンゴウイカ全量を輸入に頼っていたが、当時の為替レートは１ドル80円を突破する超円高水準。実兄が工場長を務める新潟工場の拡張を意図して新会社を設立したのも無理はない。

しかし、12年秋以降、アベノミクスへの期待の高まりを受けて円相場が急落し始める。13年には１ドル１００円の大台になり、イカの輸入の採算が全く合わなくなってきた。さらに需給面でも逆風が吹き始める。世界的に漁獲量が減少する中、アジア、欧州など外国での消費が拡大し、日本への調達が難しい状況へと変わってきた。最大の取引先であった大手回転寿司チェーン店との取引が解消されるなどの事態も経営を悪化させた。

糸魚川市の工場建設を断念するといったリストラを進めても、円安傾向が続く限り、輸入の採算は抜本的には改善しない。東食品は13年の決算では粗利益の段階で数億円の赤字を計上した。そして、とうとう14年5月には全従業員の解雇に追い込まれる。7月には本社不動産を売却し事業活動を停止。事実上の破綻状態となっている。

■円高と円安の双方に苦しむ

為替の変動を巡っては、こんな経営破綻も起きている。

婦人バッグ輸入卸のフカイ（東京・足立）は2014年10月1日、東京地裁から破産手続きの開始決定を受けた。取り扱いバッグの大半を中国にある6カ所の協力工場で生産していたが、円安による輸入コストの増加で採算が急激に悪化。さらに中国現地の人件費が年間2ケタも上昇し、ダブルパンチで赤字決算を余儀なくされていた。だが、関係者によると、経営破綻のもともとの端緒は円安ではなく「円高」だという。

円安と円高――。謎かけのような事態を読み解くキーワードは「為替デリバティブ」（金融派生商品）だ。一定金額でドルを取引できる権利を売買することで為替変動のリスクを回避・軽減する仕組みなのだが、買いと売りの権利の比率に差をつければ一転してハイリスク・ハイリターンの金融商品にもなる。

一般にドル建て決済で輸入を行う企業は、円安に為替レートが振れると採算が悪化するため、フカイも円安対策の為替デリバティブを買っていた。ところが2008年のリーマン・ショック後、為替は急激な円高に振れる。為替デリバティブでは、ある一定価格、例えば1ドルを110円で買う権利を得ていた場合、それより円安に振れると利益が出るが、円高が進み1ドル90円になったりすると、その差額分の損失を負担する仕組みとなっている。その結果、フカイでは約1億円もの損失が発生し、債務超過に陥った。立て直しもままならないところに、今度はアベノミクスによる円安で本業の採算が悪化してしまった。円高に泣き、円安にとどめを刺されたわけだ。

帝国データバンクの調べによると14年上半期（4～9月）の輸入関連企業の倒産は前年同

期比7％増の260件となった。水産加工業者のほか、アパレル卸、樹脂製雑貨輸入企業などが多い。多くが円安に苦しんだとみられる。

■金融機関、デリバティブに二の足

対策はないのか。輸入業者の場合、目下のような円安が急激に進行する局面では、やはり為替デリバティブが有効な手立ての1つになる。ただ、企業側は急激な為替変動に戸惑いを感じているようで、「また円高に戻るのでは」といった心理から為替デリバティブを敬遠するところも少なくないようだ。

さらに、「銀行側も為替デリバティブ販売に消極的になっている」（メガバンク幹部）。こちらの背景にあるのは過去の呪縛だ。フカイが利用したような円安対策のデリバティブは、2004年から07年の4年間で約6万件、主に輸入業者に販売された。そして08年から始まった円高局面で数億円から数十億円の損失を抱えた中小企業が多数生じた経緯がある。これにより企業側から起こされた金融ＡＤＲ（金融取引に関する裁判外の紛争解決制度）や裁判の多くは銀行側に不利な結果となった。

為替変動の行方は金融のプロでも正確に見通すことはできない。経営判断の正誤も評価しにくい。情報を集め、正しく分析し、柔軟、迅速に動けるか。こうした高度なリスク感覚を経営者に求めているのが、アベノミクスの1つの側面でもある。

ビフテキのスエヒロ商事
東電依存が招いた不運

ビフテキと聞いて「スエヒロ」の屋号を思い浮かべる方も多いのではないか。

2014年2月、都内を中心に「銀座4丁目スエヒロ」のブランドでステーキ・しゃぶしゃぶ店を展開してきたスエヒロ商事（東京・中央）が東京地裁から破産手続きの開始決定を受けた。負債総額は9億7200万円。ビフテキが特別なごちそうだった時代が終わり、牛肉という食材の大衆化が進行する中で、消費者ニーズに即した業態に変われなかったのが破綻の原因とされる。だが、それだけではない。最終的な致命傷となった

──のは「風評被害」。そして「得意客だった東京電力への過度な依存」という隠れた要因だった。

■多店舗・多角化、90年代前半にピーク

まず読者の誤解を解いておこう。破綻したのはスエヒロ商事とその傘下の店であって、現在あちこちで営業しているスエヒロを冠にした多くの飲食店は、スエヒロ商事とは直接関係のない健全な経営主体の下で運営されている。

「スエヒロ」ブランドの発祥は、1910年（明治43年）にさかのぼる。上島歳末が大阪の北新地で創業した洋食店「弘得社」（こうとくしゃ）をルーツとしており、その後、のれん分けを通じて関西、関東を中心に14社ほどに分かれ、「ビフテキのスエヒロ」として全国に広まっていった。現在、その数は6社ほどにまで減ってしまったが、源流を同じくする業者は「スエヒロ会」を結成し親睦を図っている。あくまで親睦団体で資本や取引上などで強い関係があるわけではないが、グループ間の相互援助があるものと勘違いしている取引業者もいるもようだ。

スエヒロ会の１社でもあったスエヒロ商事は、東京に移り住んだ関係者一族で歳末の甥《おい》にあたる上嶋孝が35年（昭和10年）に東京・日比谷で開業したビフテキ店が原点。法人に改組したのは75年のことだが、これに先立つ70年に銀座４丁目店を、78年には新橋店（後の航空会館スエヒロ店）をオープンしている。以降も渋谷１０９店、沼津店、千葉店など多店舗展開を図っていった。

87年に孝が社長から会長へ退き、その長男である棟一郎がトップに就任する。多店舗展開に加えて業態の多角化にも乗りだし、スパゲティ店、百貨店での物販、催事販売、ケータリングサービスなども展開。94年12月期には年商が約20億円に達した。

しかし90年代半ば以降、バブル崩壊と価格破壊の波が老舗外食店を襲う構図が鮮明になってくる。社用族の激減で高価格帯は一部の店しか潤わない。競争から脱落した店は値下げによる顧客拡大に活路を見いだそうとするが、そこは既に割安・激安店が顧客の囲い込みにしのぎを削っていた。

ステーキも例外ではなく、スエヒロ商事は比較的安価なメニューを用意しファミリー層の取り込みを意識するなど顧客層の拡大を試みていたが、景気低迷が長引くほどに、輸入牛肉を使った低価格店や食べ放題を売りにする店に顧客は流れていった。「スエヒロ商事の価格設定、位置づけは中途半端だった」と業界関係者は指摘する。

■BSEの風評被害を引きずる

追い打ちをかけたのが、BSE（牛海綿状脳症）問題だった。BSEはたんぱく質の一種である「異常プリオン」が原因で脳の組織がスポンジ状になる牛の病気で、日本では2001年9月に初の感染牛が確認された。足がもつれて倒れ込む牛の映像がテレビで繰り返し流れ、「食べたら危ない」との風評が一気に広がった結果、国内の牛肉需要は大きく落ち込んだ。この騒動の影響は03年ごろまで続き、スエヒロ商事の年間売上高は12～13億円まで落ち込んだとみられる。

タイミングの悪さもあった。08年8月、多額の資金を投じて戦略店舗「銀座4丁目スエヒロ新宿店」をオープンしたが、その直後にリーマン・ショックが襲いかかった。リーズナブルな価格ゾーンと高級価格ゾーンをもうけ、新規顧客を開拓しながら将来の社用リピーターにつなげていくという意欲的な戦略だったが、想定していた利益があがらず資金繰りは悪化した。

そして決定的なダメージとなったのが11年の東日本大震災と原発事故だった。実は同社の主力店舗である航空会館スエヒロ店の上得意先の１つが、周辺に本店や事務所を構える東京電力だったのだ。

事故後は当然、東電社員による宴会はなくなった。昼食もほとんど利用されない。事務所など周辺不動産も売却されることになり、そこの入居者も利用しなくなった。そして東電と取引のある関係者の出入りも激減した。結果として、航空会館スエヒロ店は売上高が４割も減り利益のほとんどが吹き飛ぶ状態になってしまった。

風評被害やイベントリスクといった予想外の事態に企業が翻弄されることは少なくない。コントロール不能と諦めるか、それとも何とか打開策を見いだそうと努力するか。企業としての底力や経営者の力量が問われる極限の場面でもある。

スエヒロ商事は通信販売といった一部事業を実質一体運営にあった銀座４丁目スエヒロ（東京・港）へ譲渡するなど立て直しの模索を続けたが、13年に入ると取引先への支払いにも支障を来たし資金繰り悪化が表面化する。13年12月には、債権者に対して「債務状況調査・検討等に関する受任のお知らせ」を通知。この時点で弁護士は「債務整理が前提ではない」と話していたが、通知に先立ち銀座4丁目スエヒロでは上嶋一族は辞任。コンサルティング会社代表を務める人物が同社の株式を取得し、スエヒロ商事と資本関係が切り離されていた。

■経営者は不運に立ち向かったのか

意思決定の主導権が引き続き上嶋一族にあったのか、それともコンサル会社に移ったのか定かではないが、その後、一部レストラン事業や総菜事業なども銀座4丁目スエヒロへ売却された。そして年が明けた14年1月、ついに主力の航空会館スエヒロ店が閉鎖される。これでスエヒロ商事には主力といえる事業がほとんどなくなってしまうのだが、破産する2月7日までの間、経営陣から今回の事態について説明がなされることはなかったという。破産後も関係者からは「長いつきあいで大きな取引もあったが、やり取りは全て現場の担当者。社長や経営陣が現場に出てきたことはほとんどなかった」との恨み節が聞かれた。

大きな不運に襲われた同社に一抹の同情を禁じ得ないが、経営者はその不運に最後まで誠実に向き合ったのだろうか。十分な説明をしない姿勢は関係者の疑心暗鬼を呼ぶ。破綻直前、スエヒロ商事に対し家賃の支払いを求める訴訟や借入金の金利の支払いを求める訴訟が相次いで提起されている事実が後味の悪さを物語っている。

外資傘下とブランド分裂　マルマンプロダクツの迷走

時計関連用品などを手掛けるマルマンプロダクツ（東京・台東）は２０１６年３月、いったん自己破産の手続きに入ったものの突然取り下げ、スポンサー支援による再建を図る方針に切り替えたという。資本関係の変更などを経て、知名度の高いブランドを持つ会社に何が起きたのか。

■韓国系と台湾系に分かれる

マルマンと聞けば、ゴルフ用品や時計用ベルト、喫煙用ライターなどを思い浮かべる人も多いはずだ。最も有名なのが「私はこれで会社を辞めました」のキャッチコピーが流行した「禁煙パイポ」だろう。多様な製品を手掛けるブランドとして知られてきた。

ただし、マルマンの経営はかつてと全く違う姿になっている。

知名度の高いブランドを持つ老舗企業はバブル期の拡大戦略が裏目に出て債務超過となった。このため、1990年代中盤から製品戦略を見直すと同時にリストラを進行。回復基調となるなかで2001年、ファンドに営業権を譲渡。この段階で創業ファミリーの元を離れ、従前の会社は清算となった。

新会社は05年に上場を果たしたが、今度はそのファンドが行き詰まる。その後、M&A（合併・買収）によって外資系となり、子会社との資本関係を解消。結果としてマルマン本体は韓国企業が筆頭株主となる一方、かつてグループ会社だったマルマンプロダクツは台湾企業がそれぞれ主な出資者となった。2社は同じマルマンブランドを名乗っているが、資本関係はない。「マルマンプロダクツは、まったくの別企業であると認識している」（マルマン広報）

このところ迷走が顕著なマルマンプロダクツは当初、時計、喫煙具事業を手掛けていた。

12年ごろから新規事業として、電動歯ブラシなどマウスケア事業を発足。マルマンプロダクツの電動歯ブラシは「コストパフォーマンスが高い」（業界関係者）と人気商品になった。一方、喫煙具は禁煙、嫌煙の流れのなかで苦戦。時計事業もカシオの「チープカシオ」と呼ばれる1000円台の安価な時計ブームによってシェア争いが厳しくなった。

その結果、15年3月期の売上高は3期前と比べて4割減の約20億円にダウン。15年12月には好調のマウスケア事業部門を6000万円で譲渡。このあたりがややこしいが、譲渡先は資本的にはつながりのなくなったマルマンだった。さらに従業員のリストラなどを進め、スリム化を図った。しかし、業績が回復しなかったため16年3月、自己破産の申請に向け、代理人となる弁護士に手続きを委任した。

にもかかわらずその後、この弁護士を解任し、再建に向けてかじを切った。方針が変わったのは、オーナー企業が土壇場で破産手続きを認めなかったからだとみられる。水面下でスポンサー探しが続いたが、実際には事務所への連絡もままならなかった。仕入れ先への支払いも困難だったため、再建を疑問視する見方も出た。

■時計ベルトの取引先が再建を後押し

一方、取引先からは事業継続を望む声が広がった。再建の流れを後押ししたのは、時計事業のうち時計ベルトの取引先の存在だった。

時計の交換用ベルトの分野はマルマンのほか、バンビなど限られたメーカーしか扱いがないという。品ぞろえを確保したい大手家電量販店は、仕入れ先が複数あるほうがいいと判断したようだ。こうしたなかで、スポンサー候補の企業も現れるなど状況が変化。培ってきたマルマンブランドが、ぎりぎりのところで会社存続の可能性を残した形となっている。

かつての親会社のマルマンは「同一ブランドを使用しており、お客様や周辺業者の方々を混乱させ申し訳ない。マルマンプロダクツが当社の業績に与える影響はない」(広報)としている。

ブランドの分散、アジア企業の買収などは家電業界をはじめとして最近、多様な分野で起きている。マルマンのケースはその先駆けともいえるだけに、様々な示唆を与えることになるかもしれない。

第2章

老舗企業のたどった末路

4兄弟が別れた老舗・千鳥屋
東京の長男系、破綻の裏側

和菓子の千鳥饅頭や洋菓子のチロリアンを口にしたことのある人は少なくないだろう。手掛けてきた千鳥屋総本家（東京・豊島）は2016年5月16日、東京地方裁判所に民事再生法の適用を申請。負債総額は約23億円。創業380年の社歴を持つ和・洋菓子メーカーが破綻に至った理由は、知名度のある製品でなく、あまり知られていない製品を1社依存で販売してきたことにあった。詳しい経緯を信用調査マンの視点でひもとく。

■4兄弟が4つの会社に

千鳥屋のルーツは1630年（寛永7年）までさかのぼる。佐賀市を発祥の地として、その後福岡県飯塚市に移転。1926年に現在の千鳥屋の屋号となった。そこから創業ファミリーである原田家の4兄弟によってそれぞれ長男の千鳥屋総本家、次男の千鳥饅頭総本舗（福岡市）、三男の千鳥屋宗家（兵庫県西宮市）、四男の千鳥屋本家（飯塚市）の4社に分かれた。4社は一部に取引上のつながりはあるものの、それぞれ独自に製造、販売を行ってきた。

のれん分け前の千鳥屋は東京オリンピックのあった64年の5月、東京に進出。当初は先代の長男で後に千鳥屋総本家をスタートする原田良康氏が個人経営で東京支店を開設した。その後、千鳥屋総本家となり都内のほか、札幌や沖縄に直営店を広げた。主力は和菓子の千鳥饅頭、洋菓子のチロリアン。千鳥饅頭は自社で製造する一方、チロリアンは次男の千鳥饅頭総本舗から仕入れて販売していた。ピークの2008年12月期には年商約39億円を計上していた。

品質の高さにも定評があり、経営は順調だと思われていた。しかし、実は取引構造は早くから1社依存が進んでいた。

大口取引先だったのは、東京ディズニーランドを運営するオリエンタルランド。84年に取引を開始し、チョコレートクランチ製品であるフィルデンなどによって販売を拡大。千鳥屋総本家は次第に依存度を高めた。香港ディズニーランドの運営会社とも取引を開始するために「香港千鳥屋有限公司」も設立。フィルデンは千鳥饅頭、チロリアンに比べて知名度は低いものの、千鳥屋総本家を支える屋台骨の一角に成長。フィルデンほかのチョコレートクランチを含む3品目が売上高の6割を占めるようになった。

ただし、ここに落とし穴があった。集客力のあるオリエンタルランドは、競合する他メーカーにとっても魅力的な取引先だった。チョコレートクランチ製品にも次第に他社が参入するようになった。一方で品質や納期に対するハードルは高く、生産設備への投資もかさむなか、千鳥屋総本家は大手洋菓子メーカーとのコスト競争によってシェア、採算ともに苦戦を強いられるようになった。

追い打ちをかけたのが11年3月の東日本大震災だった。

千葉県浦安市は液状化現象に見舞われ、東京ディズニーランドも休業や営業時間の短縮を余儀なくされた。千鳥屋総本家の売り上げは一時、4分の1に激減。震災前からぎりぎりの資金繰りだったため、キャッシュフローは大きくマイナスとなり、従業員への給与が遅れる事態となった。その結果、無理な設備投資、低い収益性、販売先の集中といった経営リスクが露呈し、納入業者に対して財務の健全性を求めるオリエンタルランドとの取引が途絶えた。

■原料供給メーカーも取引を縮小

最大の販売先を失った千鳥屋総本家は過大な設備を抱えて毎月数千万円単位の赤字を出すようになった。12年ごろからは支払いの遅れが業界でささやかれるようになり、13年にはノンバンクからの資金調達も始めた。チョコレートクランチの原料供給先である大手メーカーが取引を次第に縮小。不動産の売却などを進めて乗り切ろうとしたが、最終的に自力再建を断念した。

現在は民事再生手続きと並行して、スポンサー企業の選定を進めていたが、中古車販売などの事業を展開するＧＬＩＯＮグループ（神戸市）の傘下入りが決まり、再生に向けて老舗のブランド力がこれから試されることになりそうだ。

和菓子の駿河屋
破産した500年企業の不徳

日本の中堅・中小企業の中には業歴100年以上を数える老舗企業が約2万社も存在するが、その中でも500年以上の歴史をもつ駿河屋（和歌山市）は別格中の別格。千利休や豊臣秀吉も好んだと伝えられる「煉《ね》り羊羹《ようかん》」を生み出した和菓子の名門だ。しかし、架空増資で創業家20代目社長が逮捕される事件をきっかけに転落。2014年1月17日、和歌山地裁に民事再生法の適用を申請し再建を目指したが、それも不調に終わり、6月25日に破産手続きへの移行が決まった。室町時代中期から続いた「のれん」を守れなかった背景には、何があったのか。

■紀州徳川から屋号を下賜

京都で「先の戦争で……」と言えば、1467年の応仁の乱のことを指す――。これを笑い話とも言い切れないのが、京都の奥深いところだ。駿河屋は、その応仁の乱より前の61年（寛正2年）に初代岡本善右衛門が京都・伏見で「鶴屋」として創業したとされる。業歴は実に５５３年。それだけに歴史的逸話が数多く残っている。

１６１９年（元和５年）に紀州藩の初代藩主となった徳川頼宣公の国替えに同行し、京都・伏見から和歌山に本店を移した。諸説あるが、紀州藩御菓子司を務め、技術に磨きをかけて煉り羊羹の製法を確立したとされる。羊羹と並ぶ、もうひとつの名菓「本ノ字饅頭」は、頼宣公が領民に対して「教の道」を説いた「父母状」のくだり、「正直は本とする」の「本」の字を引用したのが由来とされている。

屋号にも逸話があり、徳川５代将軍綱吉の長女鶴姫が紀州徳川家に嫁入りする際に、同名では恐れ多いと「鶴屋」を返上。その際に紀州徳川家から下賜されたのが「駿河屋」だった。

その後、昭和の時代となって１９４４年に株式会社化し、53年に店頭公開、61年には東証2部上場を果たした。84〜85年に社会を震撼《しんかん》させたグリコ・森永事件では、その知名度から か犯人グループ「かい人21面相」の標的にされ、５０００万円を要求する脅迫状が届いた。「のれん」は特に関西地方で重みを持ち、駿河屋の商品は贈答品の定番として高い人気を誇った。企業としてピークを迎えた92年には売上高が60億円を突破している。それから12年後の２００４年。５００年を超える長い歴史の中では、ほんの一瞬と言ってもよい時間で、株式上場があだとなる事件が起こった。創業家社長、岡本良晴の逮捕という大スキャンダル。容疑は「電磁的公正証書原本不実記載」で、11億円の「見せ金」による架空増資に関与したというものだった。

その後の裁判で明らかになったその仕組みはこうだ。03年夏、駿河屋は副幹事証券の新光証券（現・みずほ証券）の紹介で、投資コンサルタントの飯倉ホールディングス（東京・港）を引受先とする11億4680万円の第三者割当増資を決定した。資本金の約半分に相当する新株を発行し、本来なら飯倉ＨＤから現金が払い込まれるはずだったのだが、それは瞬時に消え、手元には1円も残らなかった。

なぜか。5億円分は飯倉ＨＤ傘下の中華料理店「海皇」の営業権を駿河屋が購入したとして、残りの6億4680万円は貸付金として飯倉ＨＤに還流させたのだ。しかも飯倉側は還流した金を自社の借入金の処理に使ったもよう。大阪府警捜査2課は、このスキームが見せ金による架空増資にあたり、増資があったとする虚偽の登記をしたとして、岡本良晴や飯倉ＨＤ社長ら5人を逮捕した。

■上場廃止を恐れる

このころ、駿河屋は業績低迷による株価下落から上場基準抵触の危機にあった。上場廃止を避けるために、増資で形だけでも財務強化を装う必要があったようだ。06年10月25日、大阪地裁が岡本良晴に言い渡した判決は懲役2年、執行猶予4年。経営者として重い責任を問われ傷ついた形だが、その傷は個人の枠では収まらず、会社としての駿河屋の信用も大きく傷ついた。

紀州徳川家から下賜された伝統ある駿河屋の「のれん」を守るべく、岡本逮捕の段階で急きょ経営を引き継いだのは取締役の池田公平だった。営業畑のたたき上げ、創業家以外からは初のトップ。それを創業家一族で相談役の岡本文之助が会長に復帰して支える体制を敷いた。

ただ、長引く景気低迷の中、「不祥事を起こした会社の包み紙」では贈答品の分野で苦戦を強いられるのは目に見えていた。業績は上向かず、しかも文之助の代表権返上や再度の代表取締役会長就任、池田公平の退任など人事のゴタゴタが続いた。企業トップを務めることができる人材の不足が露呈。そして資金面では、最後は創業家からの無担保、無利息の支援にすがったが、経営悪化は限界にきて、553年の歴史に幕が下りた。

■「のれん」の果たす役割

この事件の構図は、歴史を背負うはずの社長の見通しが甘く、海千山千の投資コンサルタントに目をつけられたことが発端に見える。これは「だまされた」とする会社側、経営側の主張でもある。

しかし、本質は「信用」の意味を見失ったことにある。上場維持による信用と、500年を超える「のれん」の信用。どちらがより重要で、守るべきものなのか、駿河屋は取り違えてしまった。古くから続く老舗菓子屋は多いが、上場しているところはわずかだ。

「のれん」の果たす役割の1つに「保証」がある。「あの、のれんを掲げる店の羊羹は間違いない」。味、品質、といったものだけでなく、作り手の信用までイメージさせる、強力なマーケティングツールだ。

しかし一方で、少しでも問題を起こすと、それは大きなしっぺ返しとなり、消費者からそっぽを向かれてしまうリスクもはらんでいる。だからこそ老舗は「信用＝のれんに恥じないこと」にこだわる。

破産が決定したのちに、駿河屋労働組合は同社の和歌山での存続、再生を希望する署名を和歌山地裁に提出した。その数、なんと約1万2000人分。製法、菓子型・木型、店舗、工場や職人の散逸は歴史的、文化的に損失が大きいとの声が集まった結果だった。失って初めて分かった「のれん」のありがたみといえよう。

老舗婦人靴卸のシンエイ
百貨店業界の商習慣に沈む

1991年に9兆7130億円まで伸びた百貨店業界の売上高はその後減少に転じ、2015年に6兆1742億円とピーク時の約4割減少した。にもかかわらず、業界の商習慣は根強く、構造改革がなかなか進まない。百貨店に長年、婦人靴を卸販売してきたシンエイ（東京・台東）は負債約63億円を抱え16年7月28日、東京地裁に民事再生法の適用を申請。経営破綻の背景には業界の抱える課題の深さがにじむ。

■注目すべきリポートの指摘

官庁の公表データやリポートはしっかり読むと、気づきにくい業界構造の変化や企業の経営環境の微妙な変化が見えてくることがある。このため、信用調査マンはチェックが欠かせないが、２０１６年６月に経済産業省製造産業局が公表した「アパレル・サプライチェーン研究会報告書」は注目すべき内容だった。

報告書では作成メンバーである学識経験者、日本百貨店協会会長、アパレルメーカー社長、繊維メーカー団体会長らが様々な角度から分析している。筆者が注目したのが直面する問題点についての指摘だ。そこにはまるでシンエイの経営破綻を予告するかのような内容が記されていた。

婦人靴卸のシンエイは１９４９年創業の老舗で伊勢丹、三越、高島屋、西武百貨店、そごうなど全国の百貨店に対する婦人靴卸を手掛けていた。会社の知名度こそないものの、主力ブランド「Ｒｉｚ」や「Ｍａｒｉｅ」は若い世代の女性に広く知られた。

97年1月期には売上高290億円まで拡大。売り上げの9割弱が百貨店だった。しかし、百貨店の売上高減少が進むと、こうした販売戦略が完全に裏目となった。シンエイの売上高も減り続け、15年1月期の売上高は約110億円とピークの約3分の1になった。

業界をめぐる環境が変わるとき、企業は事業構造を見直すことで生き残りを図る。ところが、シンエイはそのためのリストラに踏み切れなかった。そして、それが結果的に経営破綻への道を加速させた面がある。ではなぜ、事業の見直しに踏み切れなかったのか。調査を進めるなかで浮かび上がったのは、業界の2つの商習慣に縛られた姿だ。

1つは「マネキン」の存在。通常、百貨店には社員のほかに、メーカーや問屋が派遣する販売員が店頭に立つ。こうした販売員はマネキンと呼ばれ、百貨店との取引を拡大、維持するうえで欠かせないとされてきた。百貨店との取引が大半を占めるシンエイは収益性の低い百貨店に対してもマネキンを維持。このため、売上高が減少しているにもかかわらず人員削減が進まず、収益の悪化に歯止めがかからなかった。

もう1つが委託販売制度だ。問屋やメーカーは百貨店に対して委託販売を行っていることが多い。具体的には問屋やメーカーは製品を納品した段階でいったん全量を売上高に計上。シーズンや販売期間の終了後に百貨店が残った在庫を返品すると、問屋やメーカーはその分を最初に計上した売上高から減額する。販売力のある百貨店側が売れ残りのリスクを背負わない一方、過剰仕入れの原因ともなっており、結果的に百貨店のマージンの低さにもつながっている。

売上高が低迷するなか、シンエイは委託販売の仕組みによって安易に出荷数を増加したと見られる。無理な営業体質は損益状況の社内データを見れば明らかだ。見かけの売上高に対して、返品分などを引いた純売上高の比率は14年1月期に76・5%。それが破綻直前の5カ月間になると70・8%まで悪化した。これは売れる見込みのない不良在庫が約3割に達することを意味する。経営陣は見かけ上の売り上げにこだわり、不良在庫によって赤字が増えていく現実に目を向け切れなかった。

冒頭に示した報告書が指摘していたのはこの点だ。アパレルと百貨店との取引で慣習化された委託販売が生む過剰在庫リスクと在庫コスト。その背後にある百貨店、卸、メーカーの3層構造のもたれ合いが3者の収益悪化につながっていると強調していたのは、非常に興味深い。

■再建に名乗りを上げたラオックス

シンエイの破綻後、サプライチェーンを構成していた新興製靴工業（東京・墨田）も連鎖倒産。売上高の40％をシンエイに依存していたため、１億円を超える焦げつきが出た。再建に向けては、家電販売のラオックスが子会社を通じて事業の譲り受けに名乗りを上げている。百貨店市場の縮小を尻目に、ラオックスはインバウンド（訪日客）向けに「メード・イン・ジャパン」の商品展開に力を入れて拡大してきた。インバウンドに陰りが出てきたなか、シンエイのもつブランド力と新興製靴工業の工場に目をつけたと見られる。百貨店業界が変われないなかでの動きであり、信用調査マンとして、今後の動向に注目したい。

百年の老舗紙問屋加賀屋
社員不正に大甘対応で信頼失う

地方経済の衰退が予想を上回るペースで進んでいる。手堅いと思われた会社が人口減少、需要の縮小などに耐えきれなくなり事業をたたむケースが目立つ。しかし、老舗紙問屋、加賀屋（長野県諏訪市）の場合はこうした構造的な変化が原因でなかった。驚くほど甘い管理体制など、経営面のひずみから100年を超える歴史に幕を下ろした。

■多角化で借入金が増加

加賀屋は1914年創業。地元新聞社や有力印刷業者などを取引先に持つなど地域では知られた存在だった。一時は積極的に営業エリアを開拓。松本市などにも顧客を持っていた。四代目社長の藤沢繁氏は60年に東京の大学に進学したものの、家業の経営が一時悪化したため、大学2年で中退。62年に入社。83年には父に代わり、社長に就任した。当初経営は順調であり、2009年には諏訪商工会議所副会頭に就任。売上高は9億円を超え、地元に根ざす有力企業とみられていた。

一方、変調の兆しも出ていた。加賀屋は印刷用紙の販売、富士ゼロックスの代理店としてOA機器販売などが主力。ところが多角化の一環としてテナントビルに投資したことで金融機関からの借入金が次第に増加。やがて年商の6割近い5億円に膨らんだ。

資金繰りが悪化するなかで11年7月、主力取引先のアサヒグラフィックス（名古屋市）が連鎖倒産に巻き込まれて民事再生法の適用を申請。余波は加賀屋に及び、受け取った手形2300万円が不渡りとなった。さらに、12年には田中文具店（同県駒ヶ根市）の倒産でも700万円が焦げつき、わずか2年で3000万円が不良債権となった。10年分の利益にあたり、老舗とはいえ地方の中小企業である加賀屋にとっては影響が大きかった。

仕入れ先である専門商社やOA機器販売会社は加賀屋の資金繰りの悪化を察知。支払手形の回収期間を2カ月から1カ月に短縮するように求めた。売掛金の回収を急ぎ、リスクを下げるためだった。経営環境は厳しくなったが、ノンバンクや仕入先の一部はさらに加賀屋と売掛金や紙製品など在庫に対して「動産、債権譲渡担保契約」を結んだ。破綻リスクに備えた債権保全だったが、周囲には信用力の低下を印象づけた。

悪いことは重なり、営業成績トップで会社を支えた社員に健康上の問題が浮上。販売力が弱体化する泥沼状態となった。

さらに衝撃的な事実が発覚する。総務経理部長だった社員による売上金の着服だ。本人を知る関係者によると「まじめで実直な印象。まさか不正に手を染めるとは思わなかった」というが、長期間チェックできなかったうえ、見つかってからの経緯も、とにかくずさんだった。

詳しい手口などは不明だが、総務経理部長が不正に手を染めていたのは相当長期間とみられる。会社側が問い詰めたところ、本人が不正を認め、2000万円を弁済。ただし、弁済しきれなかった分もあり、加賀屋はこのうち1400万円を「貸付金」として計上した。帝国データバンクの調べでは不正着服金は最終的に数千万円とみられる。

■発覚後も経理にとどまる

あきれたことに、加賀屋の経営陣は着服した総務経理部長を解雇しなかった。それどころか、そのまま経理業務を任せていた。「ほかに経理が分かる社員がいなかった」からだという。長く信用調査マンを務めているが、こんな話は聞いたことがない。あまりにもひどい状況だった。

さすがにこれでは金融機関が支援するはずがない。借金の返済に窮した加賀屋に対し、元本返済額を10分の1まで減額した代わりに新規の融資は途絶えた。破綻までには「中小企業再生支援協議会」（支援協）も関与したというが、「本気で再建しようとしていたのか」（金融関係者）とする厳しい見方もあるなど、社長自身が経理や財務などの説明義務や責任に対する意識が低かった。着服金問題以外にもあいまいな数値があったとみられ、再建は見込めずに２０１６年7月12日、長野地裁諏訪支部に自己破産を申請した。

着服事件は中小企業に限ったことではない。大手製紙メーカー北越紀州製紙の子会社、北越トレイディングの経理部長が15年間に約24億円を着服した事件も記憶に新しい。企業規模の大小を問わず、特定の社員に経理をゆだねる危うさが改めて浮き彫りになった。

加賀屋の場合、本業以外への過剰な投資、取引先の倒産による不良債権の発生、経理担当者の着服と甘い対応が重なった。これでは業歴の長い地場の老舗企業も生き残れない。事業を継続する難しさを改めて示すといえるが、地場の有力企業であっても安泰でない時代。小さな変調のシグナルを見落とさない姿勢が信用調査マンにはいっそう求められるだろう。

column

新年最初の倒産取材は……

2017年最初の倒産取材は、帝国データバンクの第1営業日。東京北部にある町工場だった。創業は古く、戦後まもなく先代社長が小さな事業を起こし、一時は年商数億円規模まで成長していた会社だった。現在の社長は二代目。と言っても、もう80歳を超える高齢社長だ。「小さな町工場だし、きっと年末に事務所をたたんで、もう人もいないだろう……」と思っていたら、事務所には人影が見える。年季の入ったアルミサッシの引き戸をノックすると、「どうぞ」と女性従業員が出てきた。社長はじめ、監査役、経理担当者。残処理に追われていた。「こちらにおかけください」と社長に促され、スポンジのはみ出たデスクチェアに腰かけた。足元には石油ストーブ。芯にマッチで着火するタイプだ。

改めて来意を告げると、「寒いのに遠いところわざわざすみません」とストーブをこちらに向け直してくれた。言葉を選びながら丁寧に状況を話す彼の佇まいからは、ある種の満足感すら感じられる。もちろん債権者に迷惑をかけているのは事実だが、彼なりのけじめと心の整理は、この年の瀬でついていたのだろう。

石油から洩れるあの独特の香りと、ぬくぬくとした小部屋の雰囲気に、ふと、祖父母の顔と、今は取り壊してしまった故郷の母屋が浮かんだ。〝あたたかき　昭和は遠くなりにけり〟。

第3章

あの上場会社はこうして潰れた

船賃急落の大荒波に国内5位の第一中央汽船が沈む

国内海運5位の第一中央汽船（東京・中央）が2015年9月28日東京地方裁判所に民事再生法の適用を申請した。日本郵船、商船三井などと比べて売上高が10分の1以下、貨物輸送専業で海外航路が9割を占めることなどから一般には知られていない企業だった。しかしながら、リーマン・ショック以降、度重なる巨額赤字の計上によって関係者の間では「要注意の会社」としてマークされてきた。

経営環境の変化という荒波に翻弄された第一中央汽船の航跡をたどる。

■自社所有は3割にとどまっていた

海運会社の経営は様々なリスクがつきまとうといわれる。それは顧客である荷主についてのリスクもあれば、世界経済の動きに連動する海運市況の変動リスクもある。また為替や燃料費、所有する船舶の価格変動リスクもある。

海運市況については、船舶のサイズによってリスクに違いが出ることがある。業界ではサイズを航行可能な航路で表す習慣があり、例えば15万トン以上は「ケープ（岬）サイズ」と呼ばれる。これは大きすぎてスエズ運河を航行できず、喜望峰やホーン岬を通過しなくてはならないことが由来だ。7～15万トンの船舶が「パナマックス」で、パナマ運河を航行できるサイズ。それより小さな7万トン以下は、世界のほとんどの港に入港できる手軽さから「ハンディマックス」や「ハンディサイズ」と呼ばれる。

第一中央汽船が直面したのは、リーマン・ショック以降起きた、ケープサイズの急激な海運市況の悪化だった。

運航する船舶は185隻あるが、船主として自社や子会社で所有するのは約3割の45隻にとどまる。残りの7割は「今治船主」などと呼ばれる船主が所有。第一中央汽船は船主から借りた船舶を運航するオペレーターを務める。この場合、荷主から受け取る船賃と船主に対する借船料の差額が第一中央汽船の収益となる。

船主からの借船は長期契約が多いが、荷主との契約は長期契約とスポット契約がある。対荷主について、長期契約は安定的に取引できるが、大きな収益は期待できない。スポット契約は船賃が需給環境で変動するため収益率は高くなることがあるが、その分リスクも伴う。

第一中央汽船にとってターニングポイントになったのが、海運業界のバブル拡大とその崩壊だった。

2003年ごろからBRICs《ブリックス》などの新興国の経済成長や中国の貿易自由化に伴い、船賃が高騰。やがてバブル状態となり、代表的な指標であるバルチック海運指数（BDI）は大きく跳ね上がった。こうしたなかで、第一中央汽船は08年3月期の売上高は1666億円となり、最終利益は218億円となった。順風満帆の経営環境のなか、新たに中期経営計画を策定し、スポット契約船や新造船の増加といった拡大路線にかじを切った。

しかし、これが裏目となった。08年9月のリーマン・ショックを契機に世界の海運需要は急速に落ち込んだ。市況の影響が大きいスポット契約の下落は深刻であり、08年5月に1万1067を記録していたBDIは12月には10分の1以下の666に急落した。

環境変化で生じた逆風は、第一中央汽船を直撃。バブル期に船主と高額の長期借船契約を結んでいたのに対して、荷主とのスポット契約は市況に合わせた低い運賃になったため、逆ザヤが発生。09年3月期は1625億円の売り上げに対して36億円の最終赤字、10年3月期は1007億円の売り上げに対して37億円の最終赤字となった。

ばら積み船の運賃は低迷が続いている

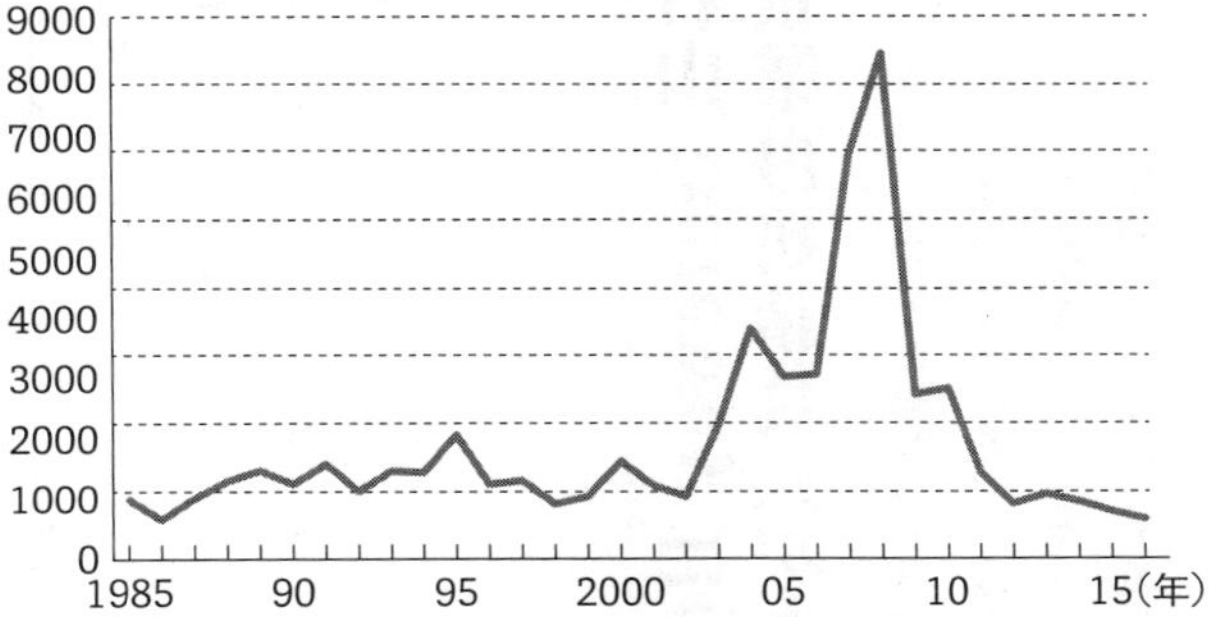

注：各年4～9月期のバルチック海運指数の平均値、1985年＝1000

その後、借船契約を見直すなどしながら経費削減を進め、11年3月期にいったん黒字化した。しかし、市況はかつての状態に戻らなかったため、再び赤字に転落。最終赤字は12年から15年までの4年間で累計６５０億円に膨らんだ。筆頭株主である商船三井の引き受けによる３１４億円の増資があったものの、焼け石に水だった。

海運市況は14年以降に入るとケープサイズの大型船で低迷が目立った。資金繰りが厳しさを増すなか、中国経済の停滞によって、不定期船の市況悪化にも拍車がかかった。１０７４億円の借入金の返済が不可能となったため、9月29日に民事再生法の適用を申請した。10月5日、子会社1社とともに同日付で東京地裁から民事再生手続きの開始決定を受け、事業の再生に向けて進み始めた。その後、船主15社らを中心とする海事クラスターがスポンサーとなり、16年8月31日に再生手続き終結を受けた。

順風満帆に見えるとき、どこにリスクの影を見つけるか。また経営環境の変化に対して、どんな形でいつ進路の転換を図るか。経営のかじ取りの重要性が改めて浮き彫りになったケースだと言えるだろう。

石山 Gateway Holdings 企業再建請負人が不正会計

2016年度の上場企業倒産は17年2月時点でゼロだが、上場廃止となった会社の倒産は起きている。7月1日に自己破産を申請した石山 Gateway Holdings（石山GH）は15年8月までジャスダック上場の企業だった。不祥事が相次ぎ破綻にいたるまでの3年間をたどると、不透明な人脈が浮かび上がる。

■脈絡のない新規事業に参入

石山GHは1982年に精密測定機器などの製造、販売を目的にフォトニクスとして東京で設立。その後商号が2010年ゲートウェイ、12年ゲートウェイホールディングスとなった後、13年に現在の石山GHとなった。当初は半導体製造装置向けのセンサーが主力。測定装置の輸入販売などで事業を拡大した。01年にナスダック・ジャパンに上場。02年に大証へラクレス、10年にジャスダックへ移行した。03年にホールディングカンパニー制に移行。自動車関連部品の製造・販売のほか、企業買収などを手掛けたが不振が続き、12年6月期の連結売上高は7億8600万円にとどまった。

起死回生を図ろうと13年以降、企業買収や新会社設立によってトラベル事業、アパレル事業、照明器具製造販売事業、メディカル事業、不動産事業、障害福祉サービス事業などに進出。脈絡のない新規事業に参入したが、連結子会社が11社などとなった結果、14年6月期の売上高は連結ベースで30億8100万円にまで拡大していた。この間、石山GHの実権を握っていたのがA氏だった。大手旅行会社顧問などの経歴を持つA氏は再建請負人として石山GHに入り込んだ。10年の取締役就任などを経て、12年に社長に就任した。

事態が急変したのは14年10月29日。金融商品取引法違反（有価証券報告書の虚偽記載）の疑いがあるとして、石山ＧＨと関係先に証券取引等監視委員会が強制調査に入った。実はこれには前触れがあった。13年11月1日に「業績予想の修正に関するお知らせ」として14年6月期の通期連結売上予想を「グループ会社で新たに開始したバイオディーゼル発電機の販売設置、メンテナンス事業において当初予想で見込んでいなかったおよそ9億円が売上計上される見込み」として、当初の30億1800万円から45億8800万円に大幅上方修正していた。事実、石山ＧＨの14年6月期の連結決算短信には、該当するグループ会社に9億2500万円の売り上げがあったと記載されていた。不思議なことにこの子会社は全く知られていない企業。当時、帝国データバンクが石山ＧＨに問い合わせると「現時点では回答できない」というばかりだった。

実はこれが架空取引だったことが後に判明する。

売上高の架空計上は過去の上場企業の不正会計でもオーソドックスな手法の1つだ。水増しなどの手口があるが、今回のケースでは存在すら怪しい架空会社に対して売上高を計上していた。大胆な手口で業績を偽装して株価操縦を狙ったとみられる。

■担当していた監査法人も解散

この取引が発端となり、強制捜査の末、2014年12月15日付でA氏は社長を辞任。社外取締役のB氏が社長となった。15年1月に東京証券取引所は「特設注意市場銘柄」に指定する事態となった。ところが混乱は収まらない。B氏の社長就任もつかの間、15年4月に「取締役会の決定事項について行動に移すことなく数カ月にわたりこれを放置していた」としてB氏は辞任に追い込まれ、A氏が社長に返り咲いた。

しかし、A氏は15年5月27日、今度は全国発電事業推進機構（東京・千代田）の総裁C氏とともに東京地検特捜部に逮捕された。A氏は金融商品取引法違反、C氏は詐欺の容疑だった。相次ぐ不祥事のため、石山GHは15年6月30日に東京証券取引所から整理銘柄に指定され、8月1日付で株式上場廃止となった。事業継続は困難となり、10月末付で全従業員を解雇。11月9日に東京・港区の本店事務所ビルから退去した。16年7月1日に東京地裁に自己破産を申請。7月7日に破産手続き開始決定を受けた。負債は約1億5671万円。この間、16年2月に東京地裁はA氏に懲役3年（執行猶予4年）と罰金500万円、追徴金2億3677万円を言い渡した。

ずさんとしかいいようのない経営実態だったが、上場会社であった以上、責任を免れないのは監査法人だ。当時、石山GHの会計監査を担当していたのは東京中央監査法人（東京・中央）。しかし、この監査法人も「運営が著しく不当である」などとして14年5月23日に金融庁より業務改善命令および1年間の業務の一部の停止命令という極めて厳しい処分を受けた。その後、信用低迷などから事業継続が困難となり、15年12月に解散に追い込まれた。

過去に不正会計から経営が悪化した企業の行動をつぶさに見ると共通項が浮かび上がる。1つは過去にトラブルの起きた企業や人物との接点。石山GHの場合、架空取引のあったグループ会社の所在地などが別の上場企業でトラブルになった企業と重なっていた。過去に事件を起こした人物が入り込んでくることもある。また、こうした会社は真っ当な監査法人からはマークされるため、おのずと特定の監査法人が関与する。実は公認会計士・監査審査委員会は金融庁長官に対し、複数の監査法人に行政処分などの措置を講じるように勧告を行っている。

一貫性のない企業買収で事業拡大を画策しながら崩壊の道をたどった石山GH。上場企業であるにもかかわらず、実体が伴わないような企業を信用調査マンの世界では「ハコ上場企業」と呼んでいる。そんな会社を舞台にしたやみくもな事業分野の拡大、粉飾決算による株価操縦、それを指摘できない監査法人――。株式市場はこれからもいっそう透明性を確保する動きが重要になってくる。一方で、事業と関連のない人物が経営に関与するときは疑ってかかる。それが信用調査マンの持つべき心得だろう。

column

受付は全員黒のスーツに……

受付は全員黒のスーツにネクタイ。まるでお通夜のような雰囲気だが、実際に行ったある債権者集会はまさしくそれであった。もちろん参加者には毎回受付が頭を下げる。債権者へかけた迷惑を考えたうえでの対応であろう。

別の債権者集会では、ハラハラさせられる質疑応答が繰り広げられていた。倒産企業の取引先からは、仕掛中の製品や完成済みの在庫を抱え、本当に引き取ってもらえるのかどうか、引き取ってもらえない場合どう処理したらいいのかという切迫した質問が殺到。スポンサーを探している最中ということもあり、代理人弁護士からはとても満足できるような回答はなく、はたから見ていても参加者のフラストレーションが溜まっていくのがよく分かる。

それでも何とか滞りなく集会は終了。帰り支度をしていると、何人かの債権者が倒産した会社の代表のもとに集まり深々と頭を下げているのが見えた。一瞬「立場が逆じゃないか」と思ったが、その企業がこれまで業界で果たしてきた役割の大きさ、そして債権者との立場関係を考えると納得。債権者集会ひとつとっても人間ドラマが垣間見える。

第4章

ベンチャー企業はどこでつまずいたか

日本ロジテック
新電力の旗手が陥った急成長のワナ

電力自由化が始まり、ガス会社、石油元売り、商社、通信など異業種が参入するなか、急成長してきた日本ロジテック協同組合（東京・中央）が2016年4月、経営破綻した。行政機関が取引先の大半を占め、一時は「新電力ビジネスの旗手」と目された企業に何があったのか。

■5年で売上高640倍に急成長

日本ロジテックは2007年11月、関東ロジテック協同組合として発足。当初は食品の共同購入・販売事業や組合員向けに中国、ネパールなどから外国人実習生のあっせんなどを行っていた。それが00年の電気事業法改正による電力自由化、05年4月の高圧需要家への規制緩和をきっかけに電力事業に進出。10年7月に特定事業者の許可を取得し、電力共同購買事業を始めた。

電力事業に参入した11年３月期の売上高はわずか１億円ほど。このうち電力の小売りによる分は８０００万円程度だった。それが11年３月の東日本大震災による電力不足や電気料金値上げが追い風となり、一気に急成長。売上高は12年３月期以降、４億円、82億円、３１９億円と拡大し、15年３月期は５５６億円と５年間で６４０倍に達した。

震災後の新電力を推進する動きを反映し、取引先は行政関連が大半だった。そのなかには全国の市町村をはじめ、学校、保健所、裁判所、検察庁、防衛省なども含まれ、社会的に大きな役割を担う企業となった。

しかし、急成長のなかで肝心の電力供給が追いつかなかった。新電力の事業者は一般に供給する電力を、⑴地方自治体などが保有する水力発電やごみ焼却場による再生エネルギーを入札で購入、⑵日本卸電力取引所から買い付け、⑶東京電力など一般電力事業者から購入――によって調達する。これに対して、需要が急拡大していた日本ロジテックは供給が追いつかず、自前の発電所の保有を画策した。

12年に日本新電力（東京・中央）を設立。那珂《なか》パワービレッジ（茨城県那珂市）、佐賀パワービレッジ（佐賀県伊万里市）を自社の発電所として稼働させる計画だった。しかし、ここで誤算が生じる。用地買収の費用として日本ロジテックから数十億円に及ぶ資金が流れたが、発電設備を担当する関係先の一社が証券取引等監視委員会による強制捜査を受けた。こうしたトラブルもあって一連の計画は頓挫し、電力供給に不安を抱える状況となった。

そこで日本卸電力取引所から買い付けることによって対応したものの、この取引は前払いのため、資金繰りの悪化につながったとみられる。また、一般電力事業者からの調達も増やしたが、こちらは「インバランスペナルティー」に直面した。

インバランスペナルティーとは何か。国の変動範囲内（外）発電料金制度によって、新電力の事業会社は30分間同じ量の電力を供給できなかった場合、代わりに電力会社が不足分を供給することが定められている。安定供給が狙いで、不足分が3％までならば変動範囲内発電料金として比較的安い料金で収まる。しかし、3％を超えると最大4倍近い料金を払う必要があり、インバランスペナルティーと呼ばれる。日本ロジテックの場合、ずさんな電力供給計画のために、破綻直前のインバランスペナルティーが26億円にまで膨らんでいたようだ。

15年に入ると電力会社への支払いが滞るようになり、同年5月1日に預金口座が差し押さえられた。取引先の1つ、高知市はごみ焼却工場で発電した余剰電力の売電料金約1億

8000万円が未払いとなったとして、支払い請求の訴えを裁判所に起こした。同月13日、経済産業省は日本ロジテックを納付金未払いとして公表。経営不安が広がり、16年4月1日スタートに向けた小売電力事業者の登録手続きが思うように進まなかったようだ。金融機関による審査の見直し、電力会社の取引解約、自治に対する売上金と債務の相殺などによって経営はいっそう悪化。16年2月24日に小売電気事業者登録を取り下げ、4月15日に東京地裁へ自己破産を申請した。金融機関からの借入金約31億円に加え、電力会社への未払い金約71億円など総額163億円の大型倒産となった。

電力小売りの自由化によって参入した企業は約800社（16年3月末時点）。そのなかでも有力企業の1つとみられた日本ロジテックは急拡大する事業に対して組織が追いつかなかった。社会的な期待が高かったにもかかわらず、身の丈を超えた経営をしたことが破綻につながったといわざるを得ない。急成長の陰には思わぬ落とし穴やワナがある。そのことを改めて示す破綻だったといえるだろう。

脱毛大手のジンコーポレーション急成長から一転、私的整理へ

数年前から、電車のドアステッカーで目につくのが「脱毛専門サロン」の広告だ。若い女性モデルを起用して「100円脱毛」といった低価格でのムダ毛処理をアピールする。東京の地下鉄では、1つの車両に3社を超える広告が顧客獲得を争うように張り出されていることもある。

急速に広がってきた脱毛ビジネスだが、2015年10月6日に業界大手で「ミュゼプラチナム」を運営するジンコーポレーション（東京・渋谷）が借入金の返済猶予を求める私的整理を進めていることが分かり、注目を集めた。数百万人ともいわれるユーザーを抱える脱毛サロン業界に死角はないのか。企業信用調査マンの視点から急成長の課題に迫る。

■低価格路線で急成長

日本で脱毛が本格的に普及し始めたのは約30年前といわれる。しかし、当時は時間がかかるうえに痛みが伴い、全身脱毛の場合には費用が100万円を超えるケースが多かった。そ

れが新たな方式の海外製脱毛器の導入などによって、全身脱毛で60万円ほどとなった。そこからさらに価格競争が進み、現在では全身脱毛の場合、約20万〜30万円が相場とされる。

低価格化の波に乗り、脱毛ブームのけん引役となってきたのが、ミュゼプラチナムだ。ワキを初回100円で脱毛する低価格キャンペーンを実施。部位によって低価格で満足できるまで何度でも脱毛できる「通い放題」プランも打ち出し、瞬く間に人気サロンとなった。知名度を高めるために、宣伝には人気タレントを起用し、テレビコマーシャルや電車内、雑誌への広告を大量に行った。こうして若い女性を中心とした顧客をつかみ、会員数約270万人、店舗数191(2015年10月現在)と業界トップクラスに上り詰めた。

100円で脱毛サロンが成り立つのはなぜか。ミュゼプラチナムでは、低価格キャンペーンによる脱毛に先立ってカウンセリングを行い、ほかの部位や全身脱毛のコースなども提案。例えば全身脱毛で4回通うコースだと16万8000円、6回だと25万2000円(税抜き、同社ホームページから)となっている。

ワキ脱毛から本格的な全身脱毛を望む顧客を開拓することなどで急成長。ここ5年で売上高は3倍を超えた。絶好調に見えた同社だったが10月6日、借入金の返済猶予を求める条件変更（リスケジュール）を取引金融機関と協議していることを明らかにした。

同社の説明によると、急成長のあおりで既存会員の予約が取りにくい事態が発生。サービスに不満を感じた会員からの解約が増加し、資金繰りの計画が合わなくなったという。

背景には過度の価格競争があるとみられる。脱毛サービスは、痩身などと兼業するエステサロン系、ミュゼプラチナムのような専業サロン系、医療機関系の3業態がある。痩身サロンが先行していたところに、ミュゼプラチナムのような脱毛専門サロンが低価格サービスを持ち込んだ。さらに医療機関系も加わり、低価格による顧客争奪戦が激化した。

ミュゼプラチナムは今後について、高速で脱毛処理が可能な新しい脱毛器を導入。予約の取りにくさを解消する方針を明らかにしている。

エステサロン系、専業サロン系、医療機関系はそれぞれメリット、デメリットを抱えているといわれる。急成長を遂げてきた業界のため、広告表示や返金システム、安全性などについてリーダーとなる企業がこれまでなかった。低価格をうたい、大量集客するビジネスモデルをとる同業者も多い。ミュゼプラチナムの影響は業界全体に波及する可能性がある。脱毛サービスが定着しつつある今だからこそ、業界が協力して顧客にとって分かりやすく、安全・

安心なサービスにするために、一定のガイドラインを示すべきだろう。

一方、顧客はこれまで以上に業界動向に気を配らなければならない。急成長していた会社がこうした形で資金繰りの悪化に直面するのは、英会話教室などで起きたことがある。サービス内容だけでなく、もっと広い視点から企業を見つめる必要があるといえる。

16年にＲＶＨがスポンサーとなって「ミュゼ・プラチナム」の営業は継続している。

急成長ベンチャーみらい植物工場で生育不良、資金が枯れる

景気回復が少しずつ進むといわれる中、企業の設備投資は回復基調にある。しかし、投資にはしっかりしたビジネスプランが必要で、行きすぎた設備投資は企業の業績を悪化させる。このところ、久々に過剰投資型の経営破綻が目立ってきた。産学連携ベンチャーとして注目されながら、本格的稼働から短期間で破綻した植物工場運営会社、み

──らい（東京・中央）が陥ったワナを検証する。

■大型投資から1年後の破綻

2014年6月、千葉県柏市にみらいの「柏の葉第2グリーンルーム（GR）」が本格稼働したとき、多くの関係者はわずか1年後の破綻を予想していなかっただろう。

大手デベロッパーが総額6億円を投資して植物工場を設置。みらいが設備の賃貸借契約を結び、レタスやハーブなどを生産する計画だった。工場はレタス日産1万株を収穫する能力を持ち、国内最大級。出荷などはみらいのほか、デベロッパーやJAグループが出資するみらいトレーディングが行い、全国の小売店などに納入する形だった。

工場の技術は会長である嶋村茂治氏が研究・開発。嶋村氏は千葉大学大学院自然科学科出身のベンチャー経営者だ。農林水産省、経済産業省の「植物工場の事例集」に紹介されるなど、業界では知られた存在だった。

04年に資本金わずか10万円で設立。その後、銀行、生保、ベンチャーキャピタルなどの出資を集め、資本金は最終的に約3億5000万円、総資産は16億円を超える規模となった。

政府による農業の6次産業化政策、東日本大震災の復興支援、不動産事業の多角化、金融緩和など、様々な思惑があったとみられる。みらいは一気に拡大路線を走り、出資や金融機関からの借入金はあっという間に9億円を超えた。

急速な事業拡大のひずみはバランスシートに表れていた。支払いの安全性を示す流動比率は75・3％で、危険ラインの100％を大きく割っていた。支払い能力を示す買入債務回転期間は6・9カ月、有利子負債月商倍率は9・8倍など、財務面だけで言えば、「枯れた野菜」並みの実態だった。

柏の葉第2GRの本格稼働から1カ月後の14年7月。みらいは続いて宮城県多賀城市にLED照明を使った世界最大規模の植物工場「多賀城グリーンルーム（GR）」を稼働させた。4年前に稼働させた千葉大学環境健康フィールド科学センター内の「柏の葉第1グリーンルーム」（千葉県柏市）と合わせ、日産2万3000株の生産体制ができあがった。

しかし、一連の大型投資の綻びは生産が計画通り進まない点から生じた。

植物工場は光熱費などのランニングコストが大きく、ちょっとした計画変更が大きなコスト増につながる。しかも、植物の人工栽培では光の当て方や波長など、きめ細かなノウハウが必要とされ、簡単ではない。新設した2施設のうち、計画にずれが生じたのは蛍光灯による栽培の柏の葉第2GRだった。試作段階では問題なかったが、本格的に稼働し始めると、当初1株70グラム程度の大きさに育ったレタスが2毛作、3毛作を繰り返すうちにサイズが小さくなり、生産計画が下方修正となった。

一方、LED栽培の多賀城GRは工場単体で何とか採算ラインに乗った。このため、柏の葉第2GRのLED化を検討したが、2億円の追加投資が必要で実現できなかった。技術開発に「想定外」はつきものだとしても、自然の野菜が対象である以上、その可能性は工業品に比べれば高いはずだ。事業化が「見切り発車といわれても仕方がない」（ある債権者）との声が出ている。

収穫した野菜の販路開拓が不十分だったことも重なり、15年3月期は売上高8億1100万円に対して、6億3500万円の経常損失となった。脆弱な財務基盤に大きな赤字が重なったことで、15年6月29日付で東京地裁に民事再生法の適用を申請した。負債総額は約10億9200万円。

再生に向けてモールメーカーのマサル工業（東京都・豊島）がスポンサーとなり、みらいの事業を引き継ぐ新会社MIRAIを15年11月に100%出資で設立した。柏の葉第2GRでは課題が出たものの、保持する技術に対する評価は高く「資金面での手当てがつけば、再建は十分可能」とある関係者は話す。特に、既に実績のあるロシア、モンゴル、中東などへのプラント輸出は需要が見込めるという。

植物工場では温度、湿度、光量などのバランスが重要とされている。みらいはそうした技術面の課題はクリアするために奮闘していた半面、企業経営におけるバランスに課題があったことが今回の破綻につながったといえるだろう。

元AKB48が広告塔のアパレル企業 ricori 背伸びの限界

国民的アイドルグループ、AKB48の元メンバー、Mが監修・デザインするファッションブランド「ricori」。同ブランドを扱うアパレル企業、リゴレ（東京・渋谷）が

2014年7月16日に営業を停止し全国で3つある店舗を閉鎖した。その後2年以上もの間、自己破産の申請などの法的措置はとっていないが、再開の見通しが立ったわけではなく、このまま休眠会社になってしまう可能性が高い。今をときめく有名人の関与という話題性に目が行きがちのリゴレだが、企業経営という視点からみた場合、どのような問題がみられたのだろうか。

■華々しい店舗展開でスタートしたが……

もともと「ricori」のブランドは、レディスファッションのネット販売を手掛ける都内の別の企業で生まれたブランドで、この会社はAKB48の運営を手掛けるAKS（東京・千代田）などの出資を得て2011年10月に設立された。「ricori」ブランドは12年10月に立ち上げが発表され、翌年3月に同社の役員を務めていた人物によって設立されたリゴレにブランドの権利が譲渡されることになる。

ricoriは洋服、靴、アクセサリーを中心に、AKBのファン層である10～20代の女性を主なターゲットとして展開。Mの知名度こそが最大の強みで、一部のファッション関係者から

「アパレルとしては際だった特徴がない」との指摘が当時からあった。

それでも、人気アイドルの圧倒的な影響力のおかげか、設立して間もないのに新宿のルミネエストという有力なファッションビルに出店できた。店内は、ブランドイメージのパステルブルーに合わせて青色を基調とした洋服が多く並び、白や淡いブラウン系のやわらかい色づかいの内装だった。

新宿以外では大阪市・梅田の赤い観覧車が目印の複合商業ビル「HEP FIVE」に、さらに博多阪急にも出店するなど、いずれも一等地区に店を構えた。帝国データバンクが13年夏に実施した信用調査では月商が5000万〜6000万円。年間の売上高は新興アパレルとしては強気の8億円程度を目指すとしていた。

一方で、「いくら知名度あるタレントが関わるブランドといえども、出店ペースが速すぎるのではないか」とみる向きはあったようだ。代官山に構える本社についても「事務所としては十分すぎる広さで、その内装は華やかなものだった」という。

ただ肝心の資金面からみると、少なくとも設立から半年経った時点において言えば、金融機関からの資金調達はなく、経営者の個人的な関係からの調達に頼っていたものとみられる。あえて金融機関からの調達を行う必要がなかったのか、それともそれだけの信用力が備わっていなかったのかははっきりしない。通常、新店舗出店などの設備投資であれば、短期で回収される恐れのない金融機関からの長期借入金によって調達するものだ。こうした状況から、華やかさや派手な印象とは裏腹に取引先などの間で資金繰り面を懸念する声があったのは自然なことだろう。

14年7月15日。「破綻へ向けた動きがあるようだ」との情報が帝国データバンクに届いたのは突然だった。確認のために早速、本社へ電話を入れてみるが、むなしい呼び出し音が延々と鳴り響く。本社事務所は既に閉鎖されている可能性が高いとみて、新宿ルミネエストの店舗に向かったが、予想に反して通常営業を行っていた。

店内では若い女性客が商品を手にとってみている。会社の状況を知らされていなかった店長が我々の問いかけに混乱したであろうことは想像に難くない。もっとも、このように会社が破綻へと進んでいることを従業員が全く知らされていないことは、しばしばあることなのだが、その店長は最後まで破綻説を信じられなかったようだ。

我々が取引先関係者などから最終的な事実を確認できたのは翌16日の午前中。開店時間に合わせ再び店舗に行ってみると、店舗は白い幕で全体が覆われ、前日まで存在していたお姫様の部屋を連想させる欧風の空間をみることはできなかった。

前述した先行投資の負担に加え、商品の価格設定が高めだったことで売り上げは思うように伸びなかったようだ。

■単独ブランド依存のリスク

各店舗のオープンにあたっては、Mの知名度を武器に各種メディアに大きく取り上げられるなど話題を集めたリゴレ。一般的に言って、タレントがプロデュースするブランドや実際に経営する企業などを与信担当者はどうみているのだろうか。あるベテラン審査マンは「話題性はあっても、ブランドとして続いたケースをあまりみかけないという印象」としたうえで「あくまでも母体企業がどうなのかが判断基準」だと話す。

タレントを広告塔にする場合、タレント事務所に払うギャランティーや広告宣伝費、販促イベントのスタッフの人件費などの費用がかさむ。つまり、これらのコストを上乗せして商品の価格を設定しなければならないわけで、広告塔が消費者に飽きられた場合、収益的には非常に厳しくなる。

事業の安定性を考えると、話題のブランドがいずれ消えたとしても企業としてやっていける体力が備わっていることが重要だ。定番商品がきちんと売れており、そのうえで話題のブランドが寄与している。あるいは話題のブランドを複数そろえている状態が望ましい。

その点において、リゴレの場合は「ricori」ブランドしかなかったことが致命傷となった。確かに元AKB48のMの人気は絶大で揺るぎないものだったかもしれない。ただ、いつも同じモデル、同じテイストのファッションとなると、消費者はいつまでそのブランドにときめくことができるのだろうか。企業経営という視点からみれば、タレントの知名度だけが強みの単独ブランドに依存するビジネスモデルは、いかにも危うかった。

節電でヒット商品に　過剰投資に陥り沈む
ヒラカワコーポレーション

企業の成長戦略で重要な位置を占めるのが設備投資だ。効果的な設備投資が業績拡大を生む一方、過剰投資は経営悪化に直結しかねない。ユニークなヒット商品を生んだ寝具会社はどこで間違えたのか。

■東日本大震災を契機に需要が急拡大

ヒラカワコーポレーション（東京・中央）は寝具、畳製品、衣料品などを手掛ける中堅メーカーだった。扱う製品は中国での合弁工場などで生産。全国のディスカウントストアのほか、インターネットやカタログなどを通じて販売していた。

主力の「ひんやりジェルマット」はジェルをシートで包んだマット。夏場の涼感寝具だが、2011年3月に発生した東日本大震災をきっかけに節電意識が高まったことが追い風となり、需要が急速に拡大した。12年1月期の売上高は前期比2倍超の42億円を計上。このうち、ひんやりジェルマットが34億円を占めていた。

さらなる売り上げ拡大を見込んで、11年夏には福島県白河市に約1600平方メートルの土地を購入して白河工場を建設。同じタイミングで東京・中央区の日本橋に本社ビルも建てた。さらに、12年1月ごろには、配送センターも開設。積極的な設備投資は多額の借り入れでまかなった。

しかし、これがあだとなる。大手布団メーカーなどが相次いでこの分野に参入したことで間もなく競争が激化。12年以降、節電への取り組みが一段落したことも重なり、ひんやりジェルマットは需要が急減。その結果、13年1月期の売上高は約32億円に落ち込み、営業赤字に転落。在庫も前年度の2倍近い5億円弱まで膨れ上がった。

ピンチだったが、このときは何とか乗り切った。救世主になったのは、韓国を中心とした海外向けの販売。輸出戦略に切り替えることで積み上がっていた在庫は次第に解消。さらに通信販売用の仕入れ商品の販売強化が奏功し、15年1月期の売上高は過去最高の約54億円まで伸びた。

復活したかに見えたが、多額の設備投資に見合う回収をするには至らなかった。借入金の返済が経営を圧迫するなか、ヒラカワコーポレーションは第2のヒット商品を模索。白羽の矢が立ったのが、羽毛に代わる新素材の人工羽毛ブランド「アイダーウォームス」を使った寝具だった。14年ごろから、白河工場で製造機械のリース契約を結ぶなど、新たに設備投資を進めた。アイダーウォームスに対する期待は高く、主力ながらも利幅の薄いひんやりジェルマットの販売を抑えるほどだった。しかし、この戦略が裏目となる。

販売が思うように進まなかったうえ、製造方法をめぐる課題を指摘する声も浮上。16年1月期は、売上高は36億円程度にとどまり、1億円を超える赤字に転落した。たび重なる設備投資に伴う銀行借り入れやリース料などもあり、資金繰りは逼迫。16年7月には実質的に事業を停止した。代表の平川尚市氏は残務整理中、「アイダーウォームスで共同事業を行っていた企業から撤退の意思を伝えられ、立ち行かなくなった。事業継続を目指し銀行に返済猶予の依頼なども行ってきたが……」と悔しさをにじませた。その後、関連会社2社とともに東京地方裁判所に自己破産を申請。16年11月9日破産開始決定を受けた。

ユニークなヒット商品を生んだにもかかわらず、身の丈を超えた設備投資がヒラカワコーポレーションの命運を絶った。今回の事例は的確な経営判断の必要性と難しさを改めて伝えている。

column

某駅前の雑居ビルに……

某駅前の雑居ビルに本社を置く中小企業。先週に入り突如、事業を停止して行方をくらませたようだ。扉をノックしても応答はなし。不自然な表記がされたフロア案内を見て、「もう事業を再開することはない」と感じた。まだ直接会って話をしていないが、多数と言われる債権者の一部がネットで行方をたずねる書き込みをしはじめている。この会社について調べると、設立後わずか3年半で商号が3回、住所が5回、代表が5回変更されており、取り込みを目的とした企業の可能性が高いとみている。過去の代表をみても、別件で注目している企業と繋がるなど、コンプライアンス的にみても明らかにおかしい点が多いからだ。

それにしても残念なのは、こんな会社と多くの企業・店舗が取り引きしてしまったこと。登記簿を見るだけで怪しさ満載。与信管理の教材になるような会社なのに「どうして？」と思わざるを得ない。取引前に一切何の準備・調査もしなかったか、よほど勘の鈍い担当者だったのだろうか……。皮肉にも、こうしたトラブルに直面し、それまで軽んじていた与信管理の重要さにはじめて気づく企業・担当者は少なくない。

第5章

捨てられる会社、捨てられる社長

「ジュエリーマキ」の三貴
三たび破綻の真相

宝飾店小売りの三貴（東京・台東）が2014年7月30日、東京地裁に民事再生法の適用を申請した。バブル景気のとき、「じゅわいよ・くちゅーるマキ」「ジュエリーマキ」の大規模な多店舗展開で一世を風靡したが、その後の宝飾品市場の縮小で業績が悪化し、2002年に旧会社を特別清算。新会社も09年に民事再生法の適用を申請している。つまり今回が実質的に3度目の経営破綻。なぜ再建できなかったのか。そして今後、再建できるのか。

■甘さに嘆息する債権者

「一度、民事再生を申請したのに、また再生の申し立てだ。前に失敗したのだから今回もダメなのではないか」――。破綻から5日後の2015年8月4日、参集した債権者説明会ではこんな発言が飛び出した。会場に充満する皆の思いを代弁していると、債権者の1人は感じたという。そして「ここに至ってもまだ甘さが抜けていない」とも。

09年1月に民事再生法の適用を申請し、再建計画の認可を経て、12年に東京地裁から再建手続きの終結決定を受けていた。にもかかわらずの破綻劇の再現だ。負債総額は、絵に描いた餅に終わった前回の弁済計画の繰り越し分を含めて126億円。不採算店舗を閉鎖したり、健康食品の販売に力を入れたりするなど再建に取り組んだが、「東日本大震災以降、売り上げ不振が続いた」（監督委員の川島英明弁護士）という。

だが、全てを大震災というイベントリスクのせいにするには無理がある。バブルの絶頂期から根幹のビジネスモデルを大きく変えようとはせず、20年間かけてじり貧になっていった側面が強い。ピーク時の1995年2月期には売上高1850億円、店舗数は1200店（アパレル部門を含む）を超える勢いだったが、直近の年間売上高は50億円を割り込み、店舗数も100弱にまで落ち込んでしまった。

■コンコースからの手招き

この栄枯盛衰の全ての期間、トップとして指揮を執り続けたのが社長の木村和巨だ。

早稲田大学大学院に1年間籍を置いた後、父親が手掛けていた宝飾事業に身を置いた。このときの父親の姿を見て「この業界は、どんなに一生懸命に働いても作る側ではもうからない。販売にこそ妙味がある」と悟り、1965年に三貴を設立したといわれている。このとき木村は20歳代半ば。米国のチェーンストア理論にふれ、企画から生産、小売りの垂直統合によって、一般の消費者に安くて良い物を提供、宝飾業界の流通を大きく変えた。

販売方法は独特で、従来の宝飾業界の関係者からはひんしゅくを買ったが、新たな顧客開拓には大きな効果があった。都心のJRターミナル駅コンコースに出店している銀座ジュエリーマキの店内。そこから若い女性店員が手招きをして通行人の若い男性に声をかける。何かと近づくと、気の利いた会話が始まり、「お付き合いしている彼女に（彼女のいない場合は本人に）ダイヤモンドはいかが」と、分割払いでの購入を勧めるのだ。

買う意思を持って来店する顧客を対象としている従来の考え方とは180度の転換。顧客を待つのでなく、捕まえる。キャッチセールスと見まがうばかりの強引な販売方法が業績拡大を後押しした。

イメージ戦略も巧みだった。宝飾の主力製品「カメリアダイヤモンド」、多角化で始めた婦人服店「ブティックJOY」と子供服店「ファニィ」。これらのテレビCMに米国女優のシャロン・ストーンや大物モデルを、CMソングにはB'zや中西圭三らを起用し、先鋭的なブランドイメージを演出した。深夜を中心にテレビCMを大量出稿したため、若者が注目。一時期、三貴のCMソングで爆発的に人気の出た歌手らを「カメリア族」と呼ぶ現象まで起きた。

業界団体の日本ジュエリー協会に加盟せず、異端児的存在とも言われた三貴だったが、木村の戦略が面白いように当たり、90年代初めには年商1000億円を突破するなど業界トップの地位に上りつめる。

当時は年に2回ほど100名近い仕入れ先を熱海へ招き、経営方針などを説明する機会を設けていた。「仕入れ先を見下すような態度を取る宝飾会社の社長も多いなかで（木村は）仕入れ先を大事にしていた」と取引業者の目に映った。

■社長交代のない破綻劇

その熱海で「全国1000店舗体制を目指す」との方針を打ち上げてから間もなく、転落が始まる。バブル崩壊による景気低迷の影響がはっきりと現れてきたのだ。消費の落ち込みで3兆円ともいわれた宝飾品市場は1990年半ばには半分以下に縮小。さらにダイヤモンドは円高の進行で価格が低迷し、資産としての価値の目減りを心配した消費者が購入を控えたことから、流通在庫は過剰となり、価格が一段と低迷する悪循環に陥った。

バブル期に拡大路線をとった宝飾店は軒並み業績が悪化し、97年には大手のココ山岡宝飾店（横浜市）が破産宣告を受ける。三貴の現金での支払いは手形払いに変わり、手形サイトも90日から120日、そして150日へ伸びていったという。

90年代後半から多額の金融債務を抱えた企業を中心に未曽有の大型破綻ラッシュを迎える。ピーク時に1500億円もの債務を抱えていた三貴も例外ではなく、2002年10月に1回目の経営破綻を迎える。ただ、メインバンクの北海道拓殖銀行などの破綻により金融債務の多くが整理回収機構に移されていた同社の場合、ほかの多くの企業とはその処理の仕方に違いがあった。

それは休眠状態の関係会社に事業を営業譲渡し、新生・三貴として再スタートさせる一方で、旧・三貴には金融債務を残し破綻処理の1つである特別清算で処理するというものだった。当時、消費者向けのブランドイメージが生命線の小売業でこうしたスキームが使われたが、新生・三貴の社長は木村がそのまま務め、ファンドなどスポンサーが入ってくることもなかった。

少し話が横道にそれるが、会社分割という手法を使って事業を新会社に移し旧会社を清算するスキームは、実は昨年から、銀行からの多額の借入金に苦しむ会社の間で活発に利用されるようになっている。実質的な借金逃れを目的としたものであり、踏み倒される側の銀行からはすこぶる評判が悪い。

もちろん、メインバンク破綻という不運や金融機関の協力のもとでスキームが実行された三貴とでは経緯・背景が明確に異なる点は強調しておくが、結局この処理にあたって、責任の所在をあいまいにしたツケが後々重くのしかかることになる。

再出発した新生・三貴だったが、その後にメインバンクとなったＵＦＪ銀行から、東京三菱銀行と経営統合するのに先立ち新規融資を止められてしまう。確たるメインバンクを失えば、資金を日々の収益に依存せざるを得ない。綱渡りの経営が続くなか、08年にリーマン・ショックが襲い、09年1月には2度目の破綻となる民事再生法の申請を余儀なくされた。

■捨てる決断ができなかった

ある業界関係者は「再生途中の企業なら何かを捨てないといけない」と話す。経営再建中の企業は資金がない。ゆえに回転率の悪い商品、取引条件の悪い取引先との関係を捨てる決断が必要という指摘だ。しかし、破綻前数年の業界内での三貴の評判は「ストアコンセプトがはっきりしていない」「顧客ターゲットが絞れていない商品構成」など厳しいものばかりだ。抜本的な改革に取り組まず、現状をどう維持するかに腐心したように見える。2度の破綻を経ても三貴は変われなかった。

スポンサーのいないまま再生を目指していたが、実は今回の3度目の破綻（2度目の民事再生法の適用申請）に至る前、第三者の資本を入れる計画が浮上した。残っている債務の多さがネックになり実現しなかったようだが、追い込まれてもなお「できればこれまでのやり方、体制を維持していきたい」との意向を三貴の経営陣が捨て切れていないことも影響したのではないか。

老舗といわれる「業歴100年企業」において、生き残るために必要なものとして多くあげられることの1つに「進取の気性」がある。つまり変化を恐れないことが、企業としての

「長生き」の秘訣でもあるのだ。宝飾の流通を大きく変えた三貴。創業から絶頂期まで木村が従来にない異質の経営手法で確かな実績を上げたのは間違いない。ただ、大衆化路線を切り開き先頭を走ってきた自負が、現状こそベストという考え方、ひいては変化を嫌う姿勢につながり、再生のチャンスを2回も逃すことになったのではないだろうか。三度目の正直となるか。今後の再建の行方は「変われるか」にかかっている。

財テクに溺れた「金融通」社長 エドウインの迷走

日本では中小だけでなく中堅企業でも同族経営を標榜するところが多い。ジーンズの国内トップメーカー、エドウイン（東京・荒川）もその1社で、中興の祖といわれた実質的二代目社長の常見修二から息子へ経営のバトンが渡るはずだった。しかし、この事業承継の夢は、2012年8月の不正経理の表面化であえなく頓挫。私的整理手続きの

1つである事業再生ADR（裁判外の紛争解決手続き）の末、14年7月、スポンサーの伊藤忠商事の全額出資子会社として再出発することになった。

■激怒した銀行マン

不正経理の表面化から4カ月後の2012年12月24日。この日からエドウインが始めた大々的な宣伝広告を見て、取引のあるメガバンク幹部は顔をしかめた。米国ハリウッドのスーパースター、ブラッド・ピットを5年ぶりに使った、エドウインの主力モデルのジーンズ「503」の広告だった。

「常見（社長）は何を考えているんだ」。クリスマス前日の思わぬプレゼント。うめき声にはおのずと怒気がこもった。実はこのころ、エドウインは、銀行、証券会社、JAバンクなどからの借入金690億円の返済が滞り、銀行団に対して返済計画を策定していた真っ最中だった。

おそらく、ハリウッド俳優「ブラピ」の広告に費やした費用は3億円を下らない。会社が重大な局面にあるこの時期に、巨額の宣伝広告費を投じる姿勢にメガバンク幹部はいらだちを隠せなかった。

「返済期間を延ばせば借金は全て返せる」と楽観的な会社側に対して、不透明な経理操作に不信感を募らせる銀行団。この両者の大きな溝が、その後の大混乱につながっていく。エドウイン側のアドバイザリーを務めたＴＭＩ総合法律事務所の事実上の解任。銀行間の対立――。スポンサー選びはカオスを極めた。

時計の針を少し戻し、エドウインの不正経理の概要を見てみる。

発端は12年8月上旬、財務担当幹部の自殺という悲劇だった。これにより、投資失敗による巨額損失を隠蔽する不正経理が行われていた疑いが浮上。会社として、弁護士事務所に内部調査を依頼し、実態解明に乗り出す。

関係者の話によると投資の失敗は、大きく3つの取引が問題となっている。

１つ目はダイレクトディーリング（ＤＤ）と呼ばれる取引で、主にドル・円による為替取引を10年以上も前から繰り返し、少なくとも04年からほぼ毎年損失を発生させていたという。累計の赤字額は５２０億円。１日に何度も売買を繰り返した結果、総取引額は１３１兆円という驚きの世界だ。

2つ目は為替デリバティブ取引。前述のDDと混同されやすいが、為替変動のリスクヘッジのため、輸入の多い中小企業向けにも導入されている。08年のリーマン・ショック後の急激な円高局面では、相当数の中小企業が損失を抱えて社会問題にもなった。

実はエドウインの場合、損失発覚直後の12年では300億円を超える損失があったが、皮肉にもアベノミクス効果で円安・ドル高に振れたことから、ほとんどの含み損が解消したという。

3つ目は株式デリバティブ。損失の付け替えになりかねないとの指摘もある不明瞭な取引があったとされ、一時は約100億円の損失発生を巡って、エドウインと証券会社が互いに訴えを起こす状態にあった。

■会社私物化の背景

ここで気づくのは、エドウインの経営危機は、本業外の野放図な金融取引によるところが大きいことだ。裏返せば、ジーンズメーカーとしては本業に徹してさえいれば、会社が傾くこともなく、安定した同族経営が続いていた可能性が高い。

それではなぜ、社長の常見は、このような金融取引に走ったのか。第一の原因は自身の「おごり」だろう。常見は早稲田大学政治経済学部を卒業後、ワシントン大学で当時最先端だった金融工学を学んだ。海外には旧友の金融マーケット関係者も多く、「繊維企業の社長」とは違う自分自身の能力を過信した可能性が高い。確かに、9・11の米同時テロまではもうかっていたとの話もある。

ただ、損失が発生した後も、ほぼ連日3回の取引を10年以上も続け、最終的には1000億円近い損失を出すに至った。心理的には投資を越えて「ギャンブル」の域に踏み込んでしまったのではないか。

第二の原因はガバナンスの欠落。2012年までのエドウインでは株主総会、取締役会が開催された形跡がない。監査役による監査の実態もなければ、取締役会規定も存在しない。これらは不適切会計に関する第三者委員会やスポンサー選びの最中に出た調査報告書などで明確に指摘されている。

株式の議決権が社長と親族に集中する中小企業では、実はこうした事例が少なくない。そもそも株式の譲渡制限のある非公開会社では取締役会の設置は原則任意であるし、株主総会も決算のときに税理士と相談のうえ、形式上はやったことにして議事録を作ることがまかり通っている。だが、エドウインのような個人商店をとっくに卒業した規模の中堅企業で、こうしたずさんな対応をすると、リスクが膨らむだけだ。事実、お飾りの役員たちに、常見の「会社の私物化」を止めることはできなかった。

■「浮利を追わず」の教訓

老舗といわれる「100年企業」に多く継承される「社訓・社是」には「浮利《ふり》を追わず」といった、財テクに警鐘を鳴らす内容が数多く見られる。裏返せば、それだけ中堅経営者にとって陥りやすいワナなのだろう。

こういった財テク失敗の事例を見ると、情報の非対称性、適合性、ガバナンスの3点に問題があることが多い。エドウインの場合は、腕利きディーラーを相手に、ドル・円、ユーロ・円の勝負を挑んだ格好だ。相場のプロを相手に、勝てる可能性は低かったはずで、これは情報の非対称性の問題に行き着く。

また、グループ売上高500億円、総資産700億円の規模にまで成長していたが、身の丈ともいえる純資産は40億円程度しかなかった。適合性という視点で見れば、巨額のディーリングを行うには、不釣り合いな会社規模だった。ガバナンスについては、既に述べたとおりだ。

さらに、財テクが恐ろしいのは、社長自身が情報を抱え込む衝動を抑えられなくなることだ。「もうかったら人には言わない。ましてや損をしたら絶対に外部には言わない」のだ。ゆえに発覚したときは、損失がとてつもない規模に膨らんでいることが多く、手遅れとなったケースが少なくない。

財テクの失敗は、決して特別なことではなく、いつでも陥る可能性があり、致命傷になることを、企業経営者は肝に銘じなくてはならない。

■波乱の秘密会議

不正経理の表面化から、事業再生ＡＤＲを経て再出発にたどり着くまでに要した期間は１年11カ月。この間、再建計画は何度も暗礁に乗り上げ、会社が消えてしまう可能性もある「法的整理」に移行する危機もあった。「綱渡りの再建」の原因を探ると、多すぎる取引金融機関の思惑のズレに行き着く。

「話にならない、出るぞ」と大声が聞こえた。２０１３年11月15日、エドウインの金融債権者が集まった通称「バンクミーティング」の開始から、わずか1分後だった。

秘密会合が開催されるとの情報をつかんだ帝国データバンクの調査員が、会場となる都内の貸しオフィスビルで張り込みを始めた途端、机をたたく音が響き、直後に数人の男性が会場から出ていった。司会を務める代理人弁護士の答弁を遮る形で、債権者が席を蹴る前代未聞の事態に、参加者は複雑に絡みついた事態を改めて知ることとなった。

当時の社長、常見修二の巨額財テクに翻弄された金融債権者は21社。貸付金総額は７００億円に迫るオーダーに膨れ上がっていた。債権者側が借金の棒引き（債権放棄）にある程度応じる代わりに、常見の経営責任を厳しく問う。事業再生ＡＤＲを進めるうえでは、これが前提条件となっていた。

常見一族にとっては、築き上げた地位、資産を失う事態。一方、一部の金融機関は、借金棒引きに伴う損失処理で自らが赤字決算に陥ってしまう可能性があり、事業再生ＡＤＲで提示される再建案に反発する声も少なくなかった。事実、数名が立ち去った後のバンクミーティングでも、一部の金融機関から債権放棄に異議を唱える意見が出たという。

エドウインを巡る金融債権者の利害関係は複雑だ。一様に「借金の棒引きは嫌だ」と思っているわけではなく、大きくはメガバンクグループと地方銀行・ノンバンク間で対立の構図が見え隠れする。

理由は大きく3つ。前述のとおり、経営危機の最大の原因となった「為替のダイレクトディーリング」における損失は520億円。この取引に関わっていた一部の銀行に対し、その他の金融債権者は当然のことながら道義的責任を問うていた。

もう1つの金融取引である「為替デリバティブ」では、08年のリーマン・ショックの後に進んだ円高で、ピーク時には損失が300億円を超えていた。その為替デリバティブの販売に関与したメガバンクに対し、地銀やノンバンクが「それ相応の負担をすべきだ」と主張するのは自然な流れだった。

さらに、いわゆる「あっせん融資」が問題をこじらせた。何らかの事情でこれ以上の融資が難しくなった金融機関Aが、別の金融機関Bに取引先を紹介するという、金融村の非公式システムだ。

エドウインの場合、一部の地銀・ノンバンクは、外資系証券会社の「紹介」を通じて融資取引を拡大させていた。優良な大手同業の話を「リスクの小さい好条件取引」と判断したようだが、実はそのタイミングはエドウインの資金繰りが厳しくなったころ。取引開始からわずか半年足らずで不良債権を抱えることになった地銀・ノンバンクが激怒したのは言うまでもない。

しかも、この間、複数のメガバンクが貸付金の回収を行ったことが、地銀・ノンバンクの怒りの火に油を注いだ。また、不動産担保による回収は、ほとんどの場合メインバンクに有利で、シェアの低いサブ行以下の銀行は無担保債権者、つまりは丸裸の状態にあった。

■すんなり伊藤忠ではなかった舞台裏

こうした金融債権者間の複雑な利害関係は、スポンサー選びに大きな影響を及ぼす。エドウイン支援に名乗りを上げたのは、伊藤忠商事、大手商社と関係が深いアパレルメーカー、豊田通商とワールドの連合、エドウインからジーンズの洗い加工を受託していた豊和（岡山県倉敷市）と地銀系ファンドグループの4者。このうち3者の再建案は債権放棄を含む金融支援を前提としていたが、豊和・地銀系ファンド勢の案だけは債権放棄なし、超長期にわたる弁済を提案していた。

金融支援前提の3案の中で抜きんでたのが伊藤忠商事だった。出資金100億円と、330億円の融資を条件とする内容は、金融機関にとっては最も債権放棄額が少なくてすむ。繊維ビジネスに対する実績、企業としての信用力が高いことも考慮し、伊藤忠には優先交渉権が与えられた。

ところが、一部の銀行が反対の姿勢を強める。あくまでも債権放棄は受け入れられないとして、伊藤忠ではなく地銀系ファンド勢の案を支持。15年にもわたる超長期の期間利益を前提に「貸付金は全額返してもらいたい」との主張を繰り返した。

これは思わぬ余波を生む。借金を全額返す案は、「返すものは返すのだから文句を言われる筋合いはない」という理論が成り立つため、経営者の責任の追及が甘くなる可能性が出てきたのだ。事実、社長の常見は当初は明言していた「引責辞任」を撤回するかのような曖昧な言動を始める。「自分が退く代わりに息子に経営を任せたい」との旨の発言も出た。これに対し、今度は別の大手銀行が激怒。隠蔽体質の改善と透明性の追求の観点から「このままなら法的整理も辞さない」と態度を硬化させる。この間、代理人弁護士事務所が総入れ替えになるなどのトラブルもあり、混乱の収拾に長い期間を要することになった。

ぎりぎりの交渉が続いた結果、最終的には12億6000万円以下の債権者は全額一括弁済とし、それ以上は伊藤忠をスポンサーとした債権放棄と超長期弁済との折衷案で金融債権者間の合意をみることになった。一歩踏み外せば、エドウインという会社は消滅していた。舞台裏は綱渡りだったのだ。

■金融機関と誠実に付き合う重要性

これらから中堅中小企業が学ぶべき金融機関との関係とは、どのようなものか。

「金融村の理論」では、不測の事態に陥った局面ではメインバンクの責任がまず問われる。再建を目指す場合、担保や経営情報を優位的に取得できる立場のメインバンクが主導的に調整に動けば、ほかの銀行も支援に回る可能性が高い。企業にとっては、確固とした信頼関係をメインバンクと構築していることが、いざというときの保険になる。

また、再建プロセスでは「経営者の責任」が大きなウエートでついて回る点も見逃せない。

債権放棄が議論されるとき、必ずセットで要求されるのが社長を筆頭とした経営トップ層の引責辞任だ。能力を買われて続投するケースは極めてまれ。往生際が悪いと、再建の大きな障害になる。

さらに透明性と平等性。金融機関は何よりも正確で詳細な情報開示を要求する。一部の金融機関を優遇するような「抜け駆け弁済」から、債権者間の調整が難しくなり、自主再建を諦めざるを得なくなった事例もある。

そして、何といっても多数の金融機関と取引するのはリスクがあるということだ。金融機関1社とだけでも本当の信頼関係を築くのは中堅中小企業にとって至難の業だ。にもかかわらず、数十社の金融機関といっぺんに信頼関係が築けるのだろうか。

帝国データバンクの「倒産予測値データ」によれば、取引銀行の数と経営破綻の相関関係が確認されている。最初のバンクミーティングで、初めて社長の常見と言葉を交わした金融機関もあったというエドウインの銀行取引には、大きな落とし穴があったと言わざるを得ない。

白元が破綻
ハーバード大出身の四代目が落ちたワナ

ミセスロイド、アイスノンなどの家庭用品で知られる白元（東京・台東）は2014年5月29日、東京地裁に民事再生法を申請した。負債総額は同年で3番目に大きい254億9400万円。製造業ではかなりの大型倒産だ。テレビCMなどでなじみ深い同社の突然の倒産に驚いた方も多かったのではなかろうか。誰もが知っている有名企業だが、一部週刊誌などで報じられた四代目社長の派手なイメージとは裏腹に、実は会社の内情は火の車であったことが帝国データバンク情報部のその後の調べで分かった。

■初代と二代目は堅実経営だった

白元は1923年（大正12年）に鎌田商会として創業した老舗企業。創業者の鎌田常助が、ナフタリン防虫剤の製造販売を始めたのが前身となった。その後、50年（昭和25年）に株式会社となり、初代社長には当時営業を担当していた鎌田泉が就任し、その長男の耕、次男の収、そして耕の息子の真が2006年（平成18年）に四代目社長として経営を引き継いでいた。

このように白元の経営は、鎌田一族による同族経営が築かれていた。初代社長の泉は創業以来「本業一筋」を理念に掲げ、「身の丈に合った経営」を貫くことで業界トップに上りつめてきた。

今も販売している防虫剤「パラゾール」は50年、冷蔵庫の普及で考えられた消臭剤の「ノンスメル」は63年、72年には靴下止めの「ソックタッチ」など、国民生活における身の回りの小さな快適さを求める商品を世の中に送り出した。周囲からは「ロングセラーの宝庫」と呼ばれる商品をそろえていたことが、老舗ならではの強みとなっていったのだ。「安定と着実の白元」は、こういった創業者の理念が引き継がれてきたからこその評価であった。

ところが三代目の収が社長に就任したころから、「身の丈」から外れた経営が目につくようになる。00年ごろから始まった子会社の設立と、M&A（合併・買収）戦略により、銀行からの借金は膨らみ続ける。中国で現地法人を設立したほか、明治薬品工業、大三、キング化学などを立て続けに買収し、グループの拡大を進めていった。

しかし、結局は事業拡大路線が思ったほどの効果が出ないことから、わずか数年の間に吸収合併や、統廃合を強いられる。結果的に、収の社長就任以来、借入金は3倍以上の80億円弱にまで膨れ上がった。

そして06年に四代目の真が社長に就任する。慶応大学経済学部を卒業し第一勧業銀行（現みずほフィナンシャルグループ）に入行。白元入社後に米ハーバード大学ビジネススクールでMBA（経営学修士号）を取得するなど、輝かしい経歴を持つ新社長は売り上げ至上主義を掲げ、業界の慣習である「政策販売」のワナに掛かってしまう。これは、問屋に対して返品を前提とした過剰販売を行うことをいう。例えば、問屋Aに対して2億円の商品を販売。A社は20～50日後には仕入れ代金2億円を支払うが、一定期間後に1億円分の商品を白元に返品する。すると白元は差額の1億円プラス利息を「特売費」という名目で支払うシステムだ。

■監査法人の忠告を無視

複雑に見えるが実態は「押し込み販売」。こうすると見かけの売り上げは大きくなるが、余計な「特売費」がコストとなって白元の収益を圧迫する。しかも、返品された商品がすぐに別の取引先に売れるとは限らず、時機を逸すると不良在庫になってしまう可能性が高い。破綻の直前には売上高約300億円のうち、3割を超える95億円がこの「政策販売」だったという。もちろん、このような無理な販売を繰り返せば、赤字の拡大につながるといった指摘は、白元の監査法人からあった。しかし、真は聞く耳を持たなかったことから、さらに傷を深くする結果となった。

実は秘密裏に進めていた再建計画案の策定途上でもこの「政策販売」がきっかけで、ある業者が過剰な取引を持ちかけられたといった噂が広まり、自らの首をさらに絞める皮肉な結果も起こしている。

■100年続く企業の3要素

帝国データバンクが保有する企業データベースによれば、老舗といわれる「業歴100年企業」には3つの特徴があることが分かっている。1つ目が事業承継（社長交代）の重要性。2つ目が取引先との友好な関係。3つ目が「番頭の存在」だ。白元はこの3つが十分に備わっていなかった。

社長一代の平均就任期間は約25年、100年では4回の事業承継が必要になる。初代社長の経営理念はほとんどの場合、三代先へは直接は伝えられない。そこで「社訓」「社是」といったものが約8割の老舗に存在するが、残念ながら白元の「本業一筋」「身の丈経営」は承継されなかった。

取引先との良好な関係とは、厳しさの中でも信頼しあえる関係を言うが、社内では真に対して「取引先のカモにされているあまちゃん経営者」との声があった。

さらに、同族企業にはガバナンスが働きにくい側面があるため、上司・部下、主従といった関係とは一線を引いた、寄り添う関係の番頭が必要になる。その果たす大きな役割はただ1つ「耳の痛い話ができる」こと。白元の場合、そうした人材の登場が少し遅かった。

今回、火中の栗を拾う形となった、社長代行の間瀬和秀は白元に勤続37年のたたき上げ社員だ。若いころは住み込みで働いていたという逸話もある。スポンサーとして名乗りを上げた50社の中から、支援企業は医薬品製造大手のアース製薬（東証1部）に決定。当社の受け皿会社である白元アースを設立し、100％子会社化した。事業移行期に失ったシェアに加えて、政策販売で押し込んでいた商品（白元アースには返品に応じる義務はない）が取引先から一掃されるまでにも時間がかかり、再建は道半ばだが、国内有数の企業である親会社のもとで新たな一歩を踏み出している。

時代に追い越され破綻
名楽器メーカー、ベスタクスのたそがれ

ギブソン、フェンダー、グレコ、フェルナンデス……。これらの名前を聞いて「著名なギターメーカー」と即答できる者は、音楽バンドの経験者か現役バンドマンだろう。この名器メーカーのリストに名前を連ねていた一社、ベスタクス（東京・世田谷）が２０１４年、経営破綻した。音楽シーンをリードしてきた世界的ブランドの失墜の背景に何があったのか。

■世界ブランドのギター、ＤＪ機器

「悲報！　マジかー」「うそだろ」「世の中、世知辛すぎる」「お世話になりました」「一部の

機器だけでも存続を」――。

ベスタクスが東京地裁から破産手続きの開始決定を受けたというニュースが流れた2014年12月上旬、短文投稿サイト、ツイッターではこうした破綻を悲しむ数百もの「つぶやき」があふれた。

嘆息したのは大きく分けて2グループ。1つは、1980年代終盤から90年代初めにかけてのロックバンドの一大ブーム、いわゆる「いか天」時代をリアルタイムで経験した40~50代のグループ。もう1つは、2000年代に入ってからのクラブシーンでDJ(ディスクジョッキー)の音楽パフォーマンスを楽しんだ20~30代のグループ。ベスタクスが幅広い年齢層から支持されていたことが分かる。

同社を立ち上げたのは、世界的な「楽器設計家」として知られる椎野秀聰《しいのひでさと》だ。日本楽器製造(現ヤマハ)の勤務を経て、77年に椎野楽器設計事務所を設立。長年、エレキギターやベースギターの設計開発に携わり、ギブソン、フェンダー、マーティンなど海外本場のモデルの模倣商品が多い中で、グレコ、アリア、フェルナンデスなど国産ギターの設計をプロデュースした。世界に通用するものづくりを目指して、楽器・精密機器の集積地である長野県に専門工場を開設するなど、ものづくりへのこだわりも強かった。楽器用プリアンプや録音用マルチトラックレコーダーなど電子楽器分野への進出を機に、87年にベスタクスと社名を変更した。

その後、音楽シーンの変化に伴い、ＤＪ向けミキサーの開発に注力し、その後はターンテーブルも販売。ＰＭＣシリーズ（ＤＪ向けミキサー）やＰＤＸシリーズ（ターンテーブル）は、世界的なヒット商品となった。特に海外での評価が高く、ヨーロッパベストミキサーオブザイヤー、ターンテーブルオブザイヤーなどを受賞。ベスタクスは「Vestax」として世界規模で多くのユーザーに支持される有名ブランドへと成長した。

海外展開を加速するため、89年に英国で、91年には米国で現地法人を設立。欧米での評判がきっかけで「Vestax」ブランドの製品が逆輸入され、さらには高い技術力を背景に大手音楽機器メーカーへのＯＥＭ（相手先ブランドによる生産）も行うなど業容は拡大した。02年3月期の売上高は約25億１４００万円になった。

椎野が楽器作りのカリスマだったことに疑いはない。実はベスタクス以前に、イーエスピー（ＥＳＰ、東京・豊島）という楽器メーカーとショップを一体化した会社の立ち上げメンバーに加わっており、このときから椎野の製作するギターは「SAMURAI Sound」と呼ばれる名声を獲得していた。

しかし、ベンチャー企業の経営者によく見られる「会社の存続と成長にこだわる執念」は、あまり持ち合わせていなかったようだ。ESPでは、拡大路線を目指すほかの経営メンバーとの意見の相違から、数年後に自ら会社を去った。ベスタクスでも02年、椎野は欧州、米国事業を担当していた中間俊秀に経営を譲り、自身は代表権のない取締役に退いた。

ベスタクスを離れたことについて、椎野は実家のシルク製品を扱う会社の復興を表向きの理由としているが、椎野自身の著書『僕らが作ったギターの名器』（文春新書、10年）では、音楽が身近にあふれる現在の社会を「息苦しい」とし、仕事にストレスを感じ、楽器、音楽の世界から撤収したことを明かしている。そして、その事実を「音楽を裏切ったことにほかならない」とも記している。

■カリスマが去った後の迷走

カリスマが去った後、ベスタクスの経営は嵐の中に突入する。音楽市場の縮小、安価な中国製品の台頭、さらにはCDからデジタルプレーヤーへと音源や音響機器の形態が目まぐるしく変わっていった。こうなると資本力に劣る同社などでは新製品の開発が追いつかなくなってくる。「DJ関連機器は頻繁に買い替え需要が発生する製品ではない。新規ユーザーはあまりおらず、最近は固定ファンがほとんどだったようだ」(業界関係者)。

それでも、近年は新たな主流となっていたパソコンを使ったDJプレーに対応すべく、コンピューターインターフェースの開発に注力。米アップルと提携して開発した「SPIN」や「Typhoon」は音楽関係者から高い評価を得た。だが、大幅な業況改善には至らず、規制強化によるクラブシーンの停滞もあり、厳しい収益状況が続いていた。

さらに、円高による輸出部門の不振、東日本大震災後の買い控えなどの影響も大きくなり、本社事務所の移転や従業員の大幅削減などによる立て直しを図るも、2014年8月には実質的な営業停止に追い込まれた。東京地裁から破産手続きの開始決定を受けたのは14年12月5日。負債額は9億5500万円に上った。

椎野は前述の自著で「音楽が変質すれば、楽器、音響機器は同じ運命をたどるしかない」とも述べている。「時代のサウンドが求める製品を作る」というスタンスを貫いてきたベスタクスだが、一方で市場の激変という時代の大波には抗しきれなかった。

ただ、この破綻は必然だったのだろうか。環境の変化は、どんな分野・業種にもつきもので、激変を乗り越えて成長を続ける企業はたくさんある。もし、カリスマの椎野が「ものづくり」と同じぐらいのこだわりと情熱を企業の継続に生かしていたら……。こんな思いを巡らせる関係者は多いはずだ。ベスタクスへの音楽ファンの支持が失われていなかったことは、ツイッターの悲嘆のつぶやきの数が証明している。

徳島屋　給食に異物が混入
弁当老舗、契約解除で行き詰まる

ご飯や総菜の中に紛れ込んだ髪の毛、紙、ビニール片、金属片、ハエ・蚊らしき虫の死骸。神戸市立中学校の給食から見つかった異物の一部だという。異物混入は2015年10月に発覚。給食を手掛けていた徳島屋（同市）は同年12月、経営が行き詰まった。

創業60年を超える老舗弁当会社が窮地を脱しようと始めた事業でつまずいた。

■工場御用達の弁当店から事業多角化

神戸市の中央付近に位置する兵庫区は臨海部に川崎重工、三菱重工など製造業の大規模なドックや工場が集中。港湾作業会社、運輸関連企業が多数ある。

徳島屋はこの地で1951年に創業した給食・弁当の調理販売会社だった。地元に営業を絞り込み、周辺に勤務する従業員向けに弁当の製造販売を手掛ける会社として成長。一時は神戸港の港湾事業者に対しては8割のシェアを持ち、ピーク時の2002年7月期には毎日1万3000食の弁当を販売していた。地元ではよく知られた存在であり、主力メニューの「日替わりオフィス弁当」は、1カ月間同じメニューが出ない工夫を取り入れると同時に、価格設定も500円程度に抑え人気を集めた。

しかし、長引く景気低迷にリーマン・ショックなどの影響が加わったことで事態は一変する。このエリアの工場で働く従事者は次第に減少。さらに工場の近くにコンビニエンスストアが相次いでオープンすると、徳島屋はコンビニの300円弁当に押され、販売数がピーク時の半分の約６５００食に落ち込んだ。10年7月期の売り上げは約10億円となった。

ピンチを前に徳島屋は弁当の品質向上にかじを切る。ご飯をコシヒカリ１００％にしたほか、冷凍食材の使用を控えるなど、味にこだわる方針を打ち出した。この戦略は功を奏し、弁当の販売数は約1万食に回復。窮地を脱したかに見えたが、路面でのワゴン車による販売業者などが次々に参入すると、徳島屋の売上高は再び低迷。15年7月期は約６８０万円の営業損失を計上した。

厳しい経営状態のなか、徳島屋は新しい販売先の開拓に乗り出す。それが神戸の市立中学校向けの学校給食だった。

神戸の市立中学はそれまで弁当持参によって昼食をとっていた。しかし、14年11月から学校給食に切り替えたのを契機に、徳島屋はこの分野に参入を画策。それまでの弁当での実績もあり、神戸市教育委員会から市内26校の給食調理業務を受託するに至った。

■売り上げ激減で資金繰り悪化

これに合わせて本社工場3階に中学校向け専用の給食工場を設置したほか、洗浄機、炊飯器などを購入。約2億円の設備投資資金は借り入れでまかなった。従業員はそれまで200人ほどだったが、新事業に合わせて100人の採用を実施した。

そんな矢先に起きたのが、異物混入報道だった。

地元紙の2015年10月6日の記事では、14年11月から15年7月までに86件の異物混入があったことが伝えられた。その後のテレビの報道番組では、ゴミ箱の横に給食運搬ケースが置かれた映像や、従業員と思われる人物が「生ゴミは配送ケースに付着している。その横に小バエが飛んでいる」と証言する場面が放映された。

番組に対して徳島屋は「報道内容には事実と異なる点がある」と反論したという。どの段階で異物が混入したのかなどについては、依然としてはっきりしない面があるとみられる。ただし、異物混入があったこと自体は徳島屋も認めており、取引先や消費者の見る目が厳しくなったことは間違いない。

同市教育委員会は一連の報道の約2週間後、徳島屋に給食の委託契約解除を通知。解除の理由は異物混入でなく、定められた調理施設の仕様に反していることだった。工場向けの弁当でもキャンセルが続出。多額の借り入れの一方で売り上げが激減したため、資金繰りは一気に悪化した。自力再建の道を諦め、15年12月28日、神戸地方裁判所に民事再生法の適用を申請。負債7億3000万円となった。16年1月8日に再生手続き開始決定を受けた。

今回の経営破綻の教訓は2つある。1つはリスク管理のあり方だ。活路を見いだそうと始めた新事業が想定外のトラブルに巻き込まれるのは、実はめずらしいことではない。むしろ、経験が少ない分、予想していない課題が浮上すると考えるべきだ。それだけに経営者は設備投資にあたっては既存事業とのバランスを見極めながら、手を打つ必要があるといえるだろう。また徳島屋の場合、新事業で一気に100人を採用していたが、組織の急激な膨張はマネジメントの乱れを招きやすい。そのことを経営者はどれだけ認識していただろうか。

もう1つは消費者への説明責任の大きさだ。企業はトラブルに対して、これまで以上にしっかりした説明や対応が求められるようになっている。特に食に関わるビジネスでは、消費者に対する説明責任はかつてないほど重要視される。

食の安全・安心に関しては、マクドナルドの異物混入事件は経営問題にも発展した。一方、まるか食品（群馬県伊勢崎市）の場合、ツイッターに掲載された虫の混入写真から「ペヤングソースやきそば」の販売を約半年にわたり自粛しながら社内調査を実施し、信頼を回復している。こうした事例を踏まえ、説明責任を問われる場面において、企業は調査結果をリアルタイムで公表するなど思い切った姿勢が求められる。これを怠ると業歴の長い会社といえども、一瞬で信頼を失う厳しさが伴う。

徳島屋は15年10月9日現在で、「中学校給食について（お詫び）」とする文章をホームページに掲載。「異物混入及び調理場等の衛生状況に関する報道につきまして、大変ご迷惑をおかけし、給食に対する皆さまの信用をゆるがす結果となり、誠に申し訳ございません」と記している。今後の事業継続ができるかどうかは、トラブルについての徹底した説明や対応も重要になるだろう。

東大と取引のバイオ商社レノバサイエンス
市中金融にはまる別の顔

バイオテクノロジー関連の機器販売を手掛けるレノバサイエンス（東京・文京）に対して債権者である取引先が2015年12月25日、東京地方裁判所に破産を申し立てた。背景には財務基盤が脆弱なハイテク商社と市中金融との結びつき、そして多重譲渡契約があった。

■東大や理研とも取引する老舗

レノバサイエンスはバイオ関連機器の販売では業歴30年の老舗であり、業界では一定の知名度があった。特にDNAシーケンサーなどの遺伝子解析装置、試薬では高いシェアを持っていた。顧客には東京大学、東京医科歯科大学、慶応義塾大学などの有名大学や理化学研究所、結核予防会など国内の有力研究機関や病院、医薬系メーカーなどがずらりと並ぶ。厚生労働省や文部科学省の遺伝子研究プロジェクトへの納入実績もある。

最近では、脳研究や出生前遺伝子検診などの機器の販売を伸ばし、２０１４年9月期は年商51億円となっていた。このため、表面上は順調な経営と思われていた。しかし、実際には資金繰りが厳しかった。

直近の財務分析データによると、売上債権の回転期間は約３・１カ月。これは大学や研究機関などに機器を販売してから代金を現金回収するまで３カ月かかることを意味する。一方、仕入れ先である機器メーカーに対する支払債務の回転期間は約１・２カ月であり、支払いサイクルのほうが2カ月ほど早い。このため、レノバサイエンスは支払いの一部を借金などでまかない、回収後に返済する資金繰りが日常的になっていた。

ただし、こうした取引形態はこの業界でめずらしくない。運転資金を金融機関からの借入れや売掛債権の流動化などによってまかなう会社も多い。問題はレノバサイエンスが数年前から定められた期日どおりに返済資金を支払えなくなっていたことだ。

理由ははっきりしないが、大学の研究室などに対して長期の未収入金が発生していたことなどが影響していたとみられる。また、少なくとも10年あたりから決算操作を行っていた模様で、実質債務超過が続いていた。さらに、公表された決算書では3カ月ほどの回収サイトだが、実際はさらに時間がかかり、6カ月や1年にも達していた可能性がある。

支払いの遅れに対して、取引先のなかには「要注意」先として警戒するところがあった。水面下では「レノバ社の銘柄は基本的にやらない」（ある手形割引業者）といった判断も出ていた。たびたび1000万円単位で振り出される手形の割引依頼を通して「乱脈経営と言ってよい」（同）とみたためだ。資金繰りの悪化に対して、レノバサイエンスは銀行、信用金庫のほか、取引先から資金を借りることもあったという。

経営が行き詰まるきっかけになったのは、解析機器メーカーA社から15年5月に借りた4億円だった。A社への返済は期限の同年7月になっても1億1450万円にとどまり、2億8550万円が滞った。

A社は資金の貸し出しにあたって、レノバサイエンスの役員が所有する株式を担保とすると同時に、将来発生する売掛金に対して「譲渡担保契約」を交わしていた。つまり、レノバサイエンスが借金を返済できなかった場合、大学や研究所は代金を直接A社に支払う契約だった。このため、返済が滞った段階でA社は債権回収しようとした。しかし、これが進まなかった。

レノバサイエンスは実は同じ売掛債権を担保にして金融会社、B社からも4500万円を借り入れていた。複数の債権者に同じ債権を譲渡する「多重譲渡」の状態にあり、しかも譲渡にあたってはB社を優先する契約だったため、A社は債権の回収が困難になった。さらに別の金融会社、C社から借りていた2億円についても返済が滞った。

B社、C社は市中の金融会社であり、融資先の経営状態が厳しいことを覚悟のうえで融資する。それだけにB社は強硬な回収姿勢であり、大学や研究機関に対して「債権譲渡通知書」を送付する状況となった。またC社の契約内容は厳しく、レノバサイエンスは2億円の返済が滞った見返りとして3億3804万円の売掛債権を譲渡することになり、資産状況が急速に悪化した。こうしたなかでA社は「債権者の平等が保たれない」として、破産手続きを申請。破産手続きには自社が債務の整理を進める「自己破産」と、債権者が債権回収を意図する「第三者破産」の2通りの手続き方法があるが、今回は後者にあたる。16年1月14日、東京地裁は破産手続き開始を決定。A社にとっては一部の債権者による債権回収を阻止した形となった。

■「このヤマさえ乗り越えれば」のワナ

企業の与信判断には財務データなど表面的なものに加えて、決算書には決して表れない「裏の姿」も見つめることが必要だ。

ハイテク企業やベンチャー企業は「当たれば大きい」ビジネスとして、ハイリスクマネーが流れることがある。経営者も「技術さえあれば、大丈夫だ」と油断して高金利など厳しい融資条件で資金調達することがある。「このヤマさえ乗り越えれば」といったワナだ。しかし、市中の金融会社から資金調達を行う場合、債権回収が強制的になりやすい面がある。このため、いざというときには抜本的な再建計画の策定に対して、阻害要因となることが考えられる。債権譲渡通知を受け取った得意先が資金繰りが厳しい状態を知り、取引中止や支払い留保などに踏み切ることも考えられるなど、信用不安につながるシグナルとなることも知っておくべきだろう。

人気回転寿司チェーンの海王コーポレーション 回らなくなった経営

デフレ傾向が続くなか、手軽な価格で人気を集めてきた回転寿司業界だが、このところ異変が起きている。サービスの高度化で設備投資が増大してきたほか、円安で寿司ネタの輸入コストが上昇。大手チェーンも厳しい経営を強いられている。全国で「北陸富山回転寿司かいおう」「ＰＲＥＭＩＵＭ海王」などを展開した海王コーポレーション（東京・中央）が経営破綻。「回らなくなった回転寿司チェーン」の経営を検証してみる。

■低い利益率を円安が直撃

海王は富山県の米の販売会社がルーツ。前社長が取引先の1つだった寿司店の経営を引き継いだことを契機に、地元で回転寿司事業に参入した。やがて「かいおう」の運営に加え、寿司ネタの卸売りも開始。回転寿司店は当初、直営店だけだったが、２００８年2月にはフランチャイズ（ＦＣ）事業もスタートした。富山で店舗を増やした後に全国チェーン化に着手し、10年には首都圏にも進出。東京ではお台場の人気商業施設などに店舗を開設した。

しかし、回転寿司チェーンの経営環境はこのころから次第に変わり始める。それまでデフレに合った業態として伸びたが、一部では店舗が増えすぎ競争が激化。顧客の目も厳しくなった。大手チェーンの店舗に入れば気づくが、最近は寿司のレーンを回る寿司ネタに手を伸ばす顧客は多くない。むしろ顧客がそれぞれ注文を出す姿が目立つ。

これに対して、大手はオートメーション化によって差異化を図るようになった。例えば、くらコーポレーションが運営する「くら寿司」では、座席に注文用のタッチパネルを設置。顧客の注文は通常の回転レーンと別に設けた高速レーンで届ける。また、あきんどスシロー（大阪府吹田市）の「スシロー」は、顧客が注文した寿司が近づくとパネル表示と音声アナウンスで伝える仕組みだ。顧客にとって利便性は高いが、設備投資がかさみ、経営の足を引っ張るようになった。

中小チェーンはさらに厳しく、大きな設備投資ができない分、別の手を模索するしかない。海王が打ち出していたのが「低価格で高品質」だった。顧客に対してアピールできる面はあったが、その分コストが占める比率が上がり、利益率が下がる。飲食業界では売上高に対する材料費と人件費の比率が一般には合わせて60％程度までが適正値とされるが、海王の場合は

70%台となっていたようだ。

低い利益率のところに12年以降、急激に進んだ円安が追い打ちをかけた。欧米のヘルシー志向の広がりや中国の「爆買い」の影響も重なり、輸入魚介類の単価が高騰。首都圏進出が本格化してからの海王は売上高が拡大しても利益が出ないいびつな収益構造となった。破綻直前の16年1月期は過去最高の20億円の売上高にもかかわらず、1億円を超える営業赤字だった。

ただし、外部環境の影響だけならば、ほかの中小の回転寿司店もそれほど変わらないかもしれない。関係者によると海王の場合、急速なFC拡大にかかるコストが大きな負担となっていた。さらに、首都圏に進出した際の先行投資も重くのしかかっていたとみられ、急ピッチな多店舗化で次第に身動きがとれなくなった。一部からは「役員が過大な報酬を受けていた」と指摘する声もある。

有力FCが中心となって自主再建計画が立てられたほか、身売りや直営店の売却などのプランもあったが、結局はうまくいかなかった。16年8月25日に一部経営陣が東京地裁に準自己破産を申請。翌26日には手続き開始が決定した。その後、コンサルティング事業などを手掛ける経営戦略合同事務所（東京・港）とガーデン（東京・新宿）がスポンサーとして事業を引き継ぐことが明らかになった。

■急拡大から負のスパイラルに陥る

デフレを追い風に急拡大を図った末に破綻したケースはこのところ増えている。生活雑貨の小売チェーンを展開していたプラスハート（大阪市）は２０１６年5月に大阪地裁に民事再生法の適用を申請。プラスハートの場合、１９９８年の設立から3年で50店舗に拡大すると、最終的には１２０店舗まで膨らんだ。破綻の背後には競争激化に伴う値引きと、収益悪化をカバーするための新規出店という負のスパイラルがあったようだ。

デフレの優等生とみられた業種も一歩間違えば事業が行き詰まる。それだけに経営の「目利き」がこれまで以上に求められるといえるだろう。

第6章

闇経済、不正、詐欺の舞台裏

ヴァンネット
ワインブームの甘いワナ　投資ファンド運営会社が破産

ワイン人気が広く定着するなか、ワインを対象にした投資ファンドを運営する会社、ヴァンネット（東京・新宿）が2016年3月に破産した。商品の身近さとは裏腹に、複雑で情報の少ない市場を舞台に何が起きたのか。

■ワイン生産者の資金回収がルーツ

ワインは北半球では毎年9月ごろにブドウを収穫後、醸造工程を経て、たるに詰める。2、3年ほど後に瓶に詰めて出荷することが多いが、長期間保存すると熟成が進み、価格が上昇する面がある。付加価値を高めようと10年以上寝かせたワインもあるがその分、生産者であるシャトー（醸造所）は資金回収までに時間がかかる。

このため、例えばフランスの有名な生産地であるボルドー地方では、プリムール市場と呼ばれる独自の販売方法がある。シャトーは資金回収を急ぐために、たるで熟成中のワインの一部を市場で先行的に売る。ワインファンドはこうした市場に対して個人、法人から資金を集めたうえで匿名組合をつくり、ネゴシアンと呼ばれるワインの仲買人を通じてシャトーからワインを買いつける。

ワインは熟成が進むと収穫年ごとに品質の評価が固まり、価格に反映していく。高名なワイン評論家の格付けによって、価格が高騰するケースもある。最近では新興国のワインブームによって希少性が高まることなどで価格が変動する面もある。しかし一方で、コルク不良などからくるブショネと呼ばれるワインの劣化など品質のリスクもある。このように様々な要素が絡むため、市場の目利きになるには熟練が必要だ、といわれる。

国内でワイン投資ファンドを運営していたヴァンネットは、2000年7月に設立。ファンド販売に必要な第二種金融商品取引業の登録も済ませた投資会社だった。税理士である北田朝雪氏が社長、酒販店出身の高橋淳氏が専務を務めていた。

ヴァンネットの説明によると、投資対象はボルドー地方のなかでも特に人気の高い五大シャトーのワインなど。投資は1口10万円で最低30口(300万円)から可能だった。価格が上昇した場合には市場で売却し、ヴァンネットが匿名組合を通じて配当金を支払う仕組みだった。

北田氏は外資系の大手会計事務所の出身。ヴァンネットの本社が入居するビルの同じフロアでコンサルティング会社と税理士法人も経営していた。「高橋氏はファンドや金融商品などに詳しいとは思えなかった」（取引先）ことから、ファンド運営は北田氏が担当していたとみられる。

一方、関係者によるとワインの買いつけ、選定などは高橋氏が担当していたようだ。高橋氏の実家は宇都宮市に本店がある酒卸・小売りの越後屋。1900年に創業した老舗で、高橋氏は四代目にあたる。高校卒業後、ワインの勉強をするために単身でフランスへ留学。ルイ・ジャドといった有名ドメーヌ（ワイン醸造も手掛けるブドウ栽培の農家）で働いていたという。

金融に詳しい税理士とフランスに留学経験のあるワイン専門家がつくり上げた国内初のワインファンド――。そんな触れ込みでヴァンネットはメディアにたびたび取り上げられた。01年4月から14年6月までに総数25本のワイン投資ファンドを組成して販売。延べ1989人の出資者から総額77億4600万円を集めた。

■負債総額は40億円超

順調に見えたが、２０１５年12月3日を境に事態は大きく転換する。

破産申請代理人の資料によると、高橋氏がワインの買いつけ、売却に関する虚偽報告をしていたことがこの日に発覚。同月7日に弁護士による調査を開始し、同月25日には関東財務局から第二種金融商品取引業の登録取り消し処分と業務改善命令を受けた。

虚偽報告の詳しい手口は不明だが、ファンドの配当金を捻出するため、実勢価格より高い金額で売れたことにして売却本数と現金残高を操作した、とみられる。債権者（出資者）への説明では、08年以降集めた資金が38億円だったのに対し、残っていたワインは1億円分ほどしかなかった。

未償還の出資金約36億円を抱え、ヴァンネットは16年3月7日に東京地方裁判所に自己破産を申請。同日同地裁より破産手続き開始決定を受けた。負債は債権者約５３０人、約40億円を超える見込みだ。

北田氏は虚偽報告が発覚する前の15年7月に社長を辞任していた。破産申請代理人の資料によると、北田氏は後を引き継いだ高橋氏から12月3日に虚偽報告の告白を受け、初めて虚偽について知ったという。債権者からは「プロの会計士が少なくとも08年から7年間も在庫の所在が分からないようなファンドの瑕疵に気づかないものか」といった声が出ている。今回の件とは関係がないが、北田氏が別に経営するコンサルティング会社は無登録で海外ファンドを募集したとして、関東財務局から14年8月、3カ月の業務停止命令を受けている。

現在はほぼ閉鎖されているヴァンネットのホームページには「悪意を以（も）って、倒産させる場合には、事前に全てを処分し、費消してしまうことは可能であると思慮します。この件に関しては、ヴァンネットが金融庁の金融商品取引法上のワイン投資ファンドに関する日本での唯一の会社であることなどを理解していただくしかないと思います」と記載していた。結果的にその形になったわけで、経営責任は重いといわざるを得ないだろう。

■「不正を止めるとばれる」悪循環

帝国データバンクは、独自ルートを使って会社側から委託を受けた弁護士が作成した調査報告書を入手した。

報告書によると、２００8年から15年にかけて、ヴァンネット運営のファンドによるワイン取引の数は600以上あるとみられる。調査は08年1月以降に組成された13本のファンドに、それ以前に組成したものの未償還だった1本を合わせて計14本のファンドを対象に実施した。

創業メンバーの1人で不正取引を認めた高橋淳氏へのヒアリングは15年12月から開始。同時に取引関連データの確保、分析を進めた。一方、フランス、スイスのネゴシアンに対しても照会をかけて、帳票を入手。16年1月にはフランスのボルドーに赴き、現地での聞き取りも行った。

調査には300時間を要し、実態の解明は困難を極めたようだ。最終的に、約36億円の未償還資金が残されていることが分かった。

報告書からは、事件の背後にあるワイン取引の閉鎖的なネットワークの存在がうかがわれる。

ヴァンネットの場合、出資者から集めたファンド資金によって、フランス、スイス、アンドラのネゴシアン8社を通じ、プリムール（生産者が資金回収を急ぐために、たるで熟成中に市場で先行的に売るワイン）を買いつけていた。買ったプリムールは8社に加えて香港、米国、英国などを含め15社のネゴシアンに売却していた。取引には生産年、地域、品種に加え、需要変動などが関係することから、リスクについて高度な判断が必要だ。このため、取引に参加できる人は限られている。

報告書によると、高橋社長は不正のきっかけとして「売却損が発生」したことを挙げている。

具体的には、ファンドの規模が大きくなった結果、売却の影響で相場を下げてしまう事態となったという。08年のリーマン・ショック以降、取引の主要通貨であるユーロに対して円高が進んだことで損失が拡大。また、チャイナ・ショックによる需要の低迷もあった。

損失を隠蔽するために、1本あたりの売却額を高く見せる帳簿の操作を行うことで、在庫水増しなどの不正も行ったという。「ひとたび行った不正を止めると、この行為がばれる」と高橋氏は考えたもようだ。

隠蔽は巧妙で外部から分からなかった。帝国データバンクがコンタクトしたある出資者は「直前まで、不正についてノーマークだった」と話す。

■スイス、フランスでも関心

一方、スイスからは別なニュースが飛び込んできた。

アンリ・ジャイエ氏は天才的なヴィニュロン（醸造家）として知られる。彼が手掛けたワインは1本数百万円も珍しくない高級品として名高い。その名はそのままブランド名になっている。

スイスのミュンヘンシュタインの倉庫にあるこのアンリ・ジャイエ約1500本をめぐる詐欺事件が15年6月に発覚。同国内のシオンに本社を置くワイン投資会社の経営者が逮捕された。この事件では数人の投資家が損失を受け、被害者には当時亡くなって間もなかった有名シェフが含まれている可能性もあるという。

規模は大きく違うが、手口について史上最大の詐欺事件として知られる「バーナード・マドフ事件」との類似性を指摘する見方が、現地で出ているようだ。地元有力メディアは、今回のアンリ・ジャイエ約1500本全てを所有しているのが高橋氏が経営する別の会社だとしている。このためスイス、フランスでもヴァンネット破産の経緯に注目が集まっているという。

日本、欧州をつなぐワイン取引でいったい何があったのか。今後の動向にいっそう注目したい。

厳しさ増す病院経営の裏側
レセプト債のオプティファクター

医療機関の診療報酬請求権を買い取り「レセプト債」と呼ばれる債券を発行・運営するオプティファクター（東京・品川、以下オプティ社）が2015年11月6日東京地裁に自己破産を申請した。不正会計疑惑の背景から破綻の真相に迫ると同時に、今後の各地の医療機関への影響を考察する。

■赤字の病院などが資金繰りに活用

レセプト債は一般になじみがないが、病院関係者に知られていたほか、一部の投資家から注目を集めた金融商品だった。

病院など医療機関は通常、患者に対する診療後、国民健康保険などから診療報酬を受け取るまで2カ月ほどかかる。このため、資金繰りの厳しい病院ではこの間、医師への給与や医療機器、薬品の支払いが滞りかねない。

ここに目をつけたのがオプティ社だった。

病院は診療報酬請求権をオプティ社の特別目的会社（ＳＰＣ）に売却することで、通常の診療報酬の受け取りよりも迅速に現金を回収できる。このため、赤字などで経営の苦しくなった病院が資金繰りの手段として活用してきた。

一方、ＳＰＣは買い取った診療報酬請求権をレセプト債として証券化。オプティ社と関係の深いアーツ証券など証券会社7社を通じて投資家に販売していた。一部の証券会社は自らもレセプト債を購入していた。

転機は創業社長の児泉収氏が死去した２０１３年だった。

発行したレセプト債の発行残高が、償還原資である現預金や診療報酬債権を大幅に上回っていることが判明。確認できない資産の計上や売り上げのかさ上げなどもあり、粉飾決算の

オプティファクターの取引図

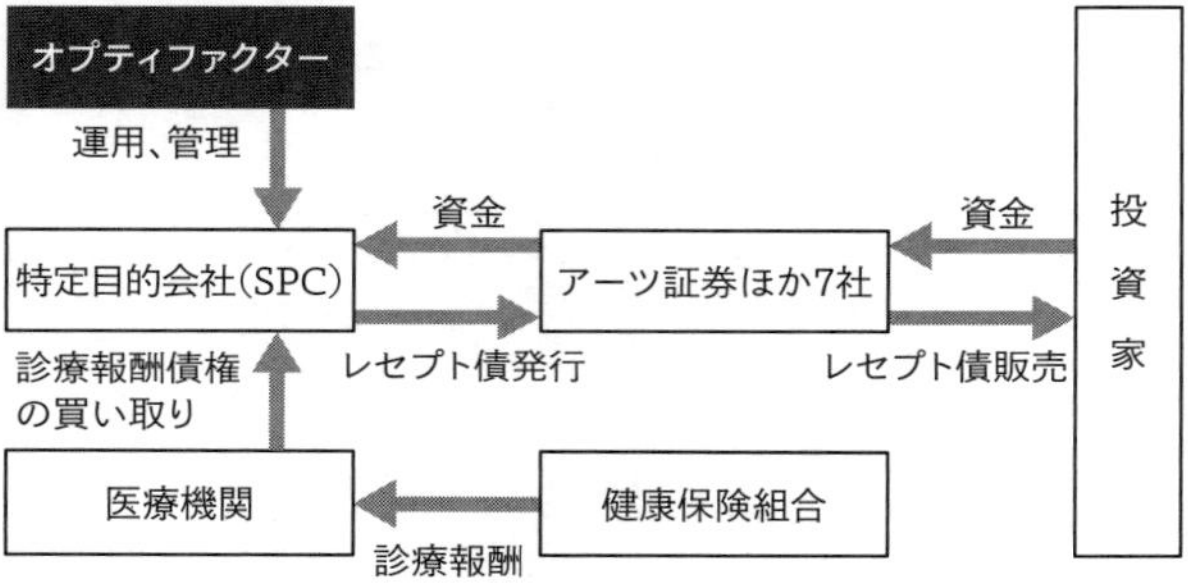

疑いが浮上した。

グループの財務内容を把握していたのは収氏だけだったとみられる。破産申立書によると、経営を引き継いだ長男の一社長が再建を図ったものの、とても手に負える負債規模ではなかったという。

高利回りをうたっていたオプティ社の実態は自転車操業状態だった。発行済みのレセプト債の利払い、償還の資金を新規のレセプト債発行によって調達していた。

証券取引等監視委員会は10月下旬からレセプト債販売の中心となっていたアーツ証券を検査。レセプト債の新規発行、募集のストップによって事業の継続が困難となり、自己破産の手続きに至った。約3000人の投資家に対して約227億円販売のレセプト債については、償還が難しいことから今後回収できない可能性がある。

医療機関の診療報酬は支払い主の信用度は「固い」はずだ。にもかかわらず、なぜ粉飾の疑いや経営破綻につながったのだろうか。調査を進めるといくつかのポイントが見えてくる。

1つは診療報酬を「先食い」していたとみられることだ。

■3年先の債権まで組み込む

レセプト債は当初、診療を終え2カ月先に入金となる診療報酬を債権としてSPCに売却する仕組みだった。ところが関係者によると、実際には「2年先、3年先を見越した診療報酬までもSPCに売却」するようになっていたという。この場合、過去の実績に基づいて想定される診療報酬額を設定し、その80%をSPCが医療機関に支払っていたとみられる。

だが、医療機関は赤字経営が多いことなどから、例えば大手ノンバンクは警戒する傾向にあるといわれる。しかも先食いは長期間にわたって行われてきたとみられ、その分レセプト債のリスクは高まっていたことになる。

レセプト債を販売した証券会社のなかにはこうした変化を十分知らされていないところがあった。また、粉飾にかかわった可能性のある前社長の死後2年も経過していることなどからオプティ社に不信の声が出ている。

もう1つのポイントは、集めた資金の使い道だ。「グループ会社の赤字補塡や、医療機関の買収資金に充てられたようだ」（関係者）。買収先として名の上がった病院には、多くのトラブルを抱えて倒産に追い込まれた「いわくつきの病院」もあったという。

関係者によると、オプティ社の手掛けていたレセプト債による診療報酬債権の流動化を、別の企業に引き継ぐ動きがある。しかし、今のところ具体化していない。

気をつけたいのは、破綻の影響が投資家にとどまらないことだ。

いくつかの病院は2年先、3年先の診療報酬請求権を売ることによって、オプティ社から月々の支払いを受けていた。しかし、経営破綻によって、こうした病院は新たに診療報酬請求権を売却して、資金繰りを計画することが不可能になっている。それだけに、これをきっかけに、廃業や倒産を検討する病院が出てもおかしくない状況にある。今後の成り行きについて、いっそうの注意が必要といえるだろう。

M&Aが招いた老舗メーカーの破綻 マッハ機器・ユタカ電機製作所を結ぶ点と線

電源装置メーカーのユタカ電機製作所（東京・品川）、厨房機器メーカーのマッハ機器（東京・江東）はともに世間でそれほど知られていない中小企業だ。しかし2社は最近、民事再生法の適用を申請した後、信用調査マンの世界で知らない人がいないほど有名になった。理由はあるベンチャー企業グループの動き、そして複数の企業を介した複雑な「多重リース」契約の存在だ。中小企業に忍び寄る影を検証する。

■スピード決着の理由

ユタカ電機が東京地方裁判所に民事再生法の適用を申請したのは2015年2月18日だった。裁判所を使った法的整理は突然のことであり、取引先は衝撃を受けた。しかし、それからわずか3カ月後の5月26日にコンデンサーメーカー大手、ニチコンがユタカ電機の事業を譲り受ける契約合意を発表した。

スピード決着には民事再生法の案件では異例の管財人（経営陣に代わって業務、資産管理

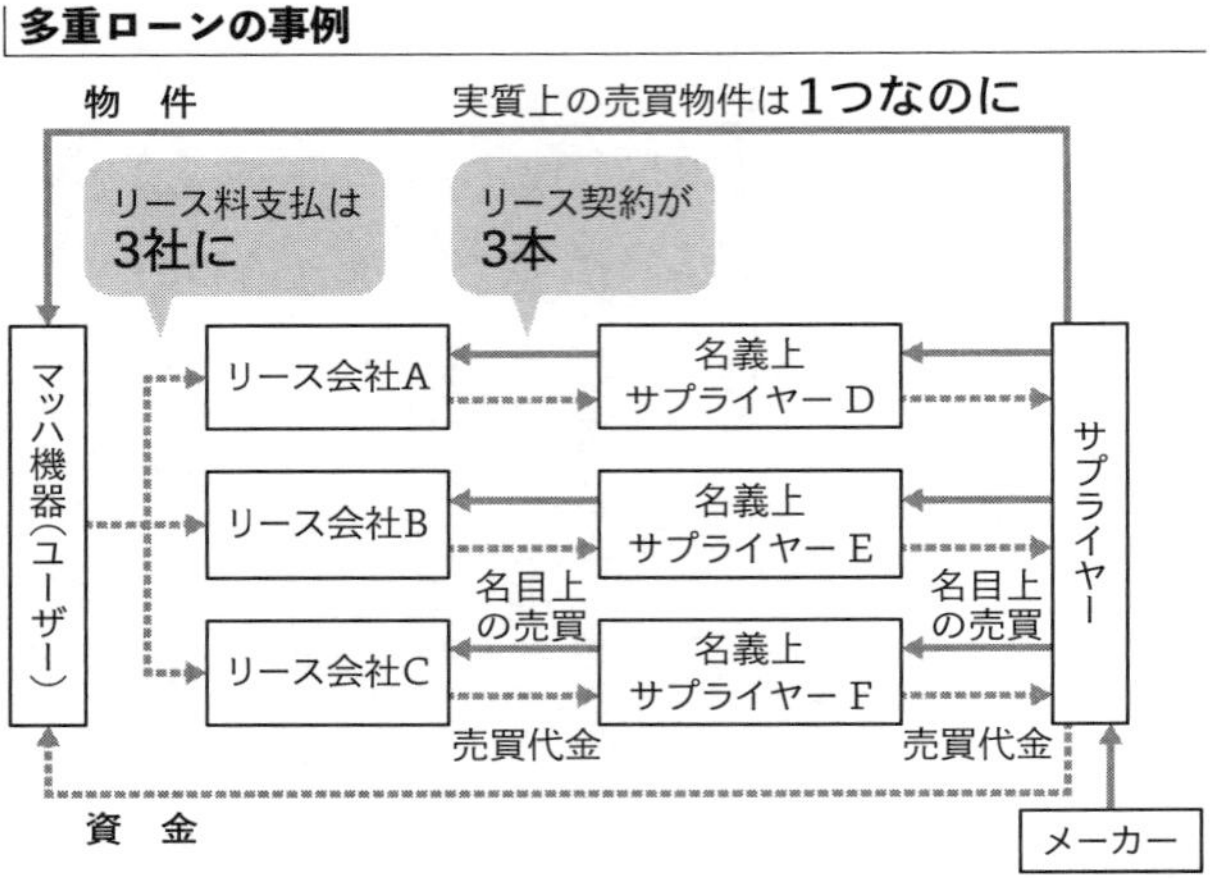

を行う）の弁護士とメインバンクのみずほ銀行の支援が大きかった。条件つきとはいえ債権者に100％配当を表明し、3億円のDIPファイナンス（経営破綻した企業が一時的に資金不足に陥った場合、運転資金などを提供）も支えになった。

それだけの支援が得られたのは、ユタカ電機の事業が競争力を持ち、元の正常な経営に戻る可能性が高いと判断されたからでもある。そんな会社がなぜ民事再生法の適用に追い込まれたのか。

ユタカ電機は1957年に設立。一時業績が低迷したが、企業再生ファンドの日本産業パートナーズ（JIP）をスポンサーに立て直しを図り、08年3月期の売上高は135億円に拡大。その後再び売上高は低迷し14年3月期の売上高は55億円となったものの、老舗の底力によって4期連続で黒字を続けていた。

事態が大きく変わったのは、14年4月にJIPが投資資金の回収を図るために、全株式を元商社マンA氏が実権者のグラス・ワン・ホールディングス（東京・千代田、15年5月20日に破産手続きの開始決定、以下GOH）に譲渡したことだ。A氏が代表取締役会長に就任すると、ユタカ電機を取り巻く環境は一転する。GOHに対して6億円の貸し付けを含む8億円の資金を提供。さらに、GOHグループ中核企業とみられるグラス・ワン・テクノロジー（東京・千代田、4月13日に破産手続きの開始決定、以下GOT）にも約1億2000万円の資金を提供した。この動きに金融機関が警戒を強めたため、資金繰りが厳しくなった。

■迷走し、民事再生法の適用を申請

ユタカ電機の迷走は続く。民事再生法適用の申請直前の2015年2月13日、取引金融機関8行によるバンクミーティングを開催。A氏のほか、GOHが関わる前からの経営陣である取締役社長らが出席して返済猶予などの支援を要請した。同時に財務デューデリジェンスの実施や再建計画案の提出などを表明した。本業に強みがあることなどから、金融債権者のみが関係する「私的整理」を進める形で、取引金融機関の大半がまとまりかけた。

しかし同月15日にＧＯＨは社長をはじめ全役員を解任、辞任させたうえ新任役員２人を選出。同月18日に民事再生法の適用を申請した。バンクミーティングから1週間も経たなかったことなどから、みずほ銀行などは監督委員に上申書を提出してユタカ電機側と対立。東京地裁は現経営陣の影響を排除する保全管理命令を下し、裁判所が選任した管財人の下での再生計画を策定した。その後、ニチコンがスポンサーとなる形でスピード決着となった。

今回の経営破綻は不可解なことが多い。どういう経緯でＪＩＰがＡ氏に株式を譲渡することになったのか。ＧＯＨ、ＧＯＴに流れた9億円の資金はどこに消えたのかなどが分かっていない。

マッハ機器（東京・江東）はユタカ電機に連鎖する形で15年2月27日、東京地裁に民事再生法の適用を申請。両社間で振り出した手形約2億５０００万円の決済がユタカ電機の倒産により不可能となったためだ。

２つの企業を結んだ融通手形の裏側では、マッハ機器にはさらに「多重リース問題」が浮かび上がっている。この問題には全国で十数社が関与しているといわれる。

■融通手形でつながっていた

マッハ機器は設計、開発を手掛ける一方、製造工場を持たないファブレスのメーカー。ガス式が主力のフライヤー業界で、数少ない電気式フライヤーを扱い、キッチンが小さいスーパーやコンビニエンスストアが主な顧客だった。全国に販路を開拓し、2011年9月期には年商約10億6000万円、最終利益約3700万円を稼いでいた。実質無借金で、順調な経営が続いていた。

しかし11年にB氏が親会社のマッハ・システムズ（東京・中央）の株式を5億円で取得し、両社の社長に就任したことで事態が大きく変わった。B氏がマッハ・システムズの株式の取得にLBO（レバレッジド・バイアウト＝買収先の資産などを担保に資金調達する手法）を活用。実質的にはマッハ機器の現預金を銀行に担保提供する形をとった。このためマッハ機器は資金繰りが悪化するようになった。

ユタカ電機とマッハ機器を結んだのは、融通手形だった。融通手形とは取引を伴わない資金繰り目的の手形。相手方企業と結託すれば簡単に資金を捻出できるが、どちらか一方が破綻した場合、即座に資金不足に陥ることから、連鎖倒産の要因ともなり得るものだ。ユタカ電機がマッハ機器に振り出した融通手形約2億円に対して、決済資金が確保できなかったことが、マッハ機器の民事再生法の適用申請につながった。

マッハ機器についてはさらに、運転資金不足が深刻化する過程で、「多重リース」による不正取引を行っていたことが明らかになっている。

一般的なリース契約は、リースの対象物件を販売する「サプライヤー」、実際に物件を使用し、割賦で代金を支払う「ユーザー」、ユーザーに代わって物件を購入し、代金をサプライヤーに支払い、ユーザーから代金の支払いを受ける「リース会社」の3者が関係する。ユーザーは資産計上しないオフバランス会計が可能なうえ、費用の平準化、銀行借入枠の温存などのメリットがあり、多くの企業が導入する。

■リース会社を欺く

これに対して、多重リースは、サプライヤーが1つの物件に対して複数のリース会社と契

ユタカ電機製作所と資金の流れ

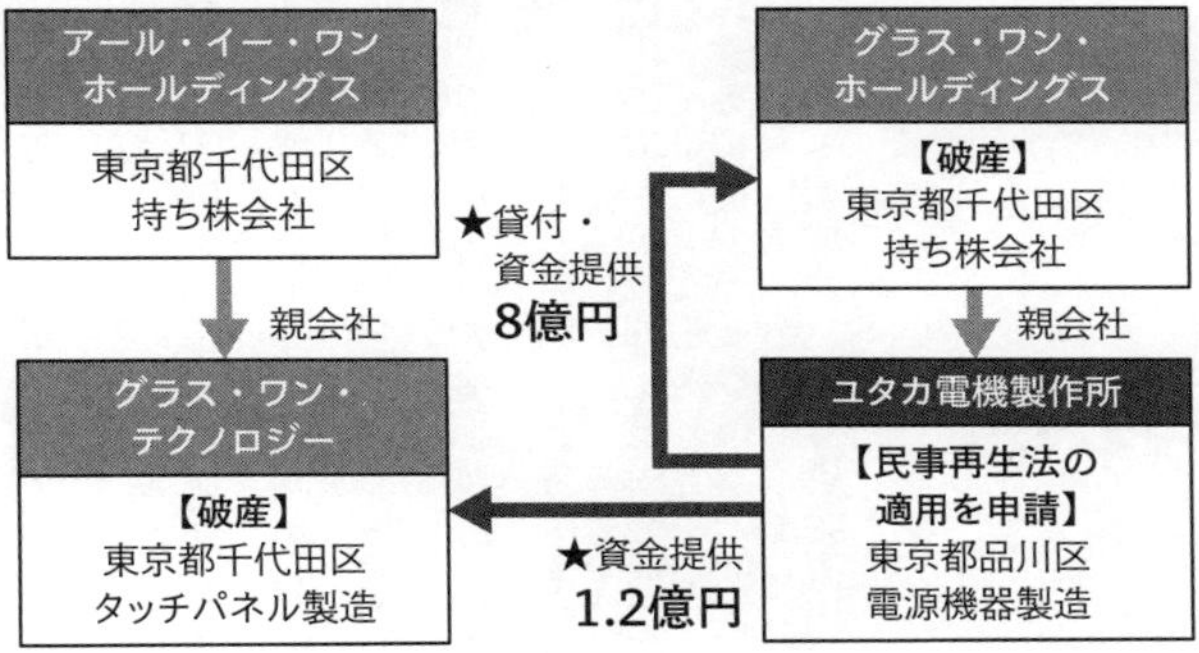

約して売買代金を受領する不正な取引だ。そのために、サプライヤーが別に「名義上のサプライヤー」を複数立て、リース会社を欺く手口が多い。

リース会社には多重リースを防ぐため、物件が本当に設置されているかどうかを確認する「検収」という手続きがある。多重リースを企てるケースでは、リース会社の目をごまかすためにレンタルした物件などを検収向けに用意。今回のケースでは本当にあるのかはっきりしない物件、所有者不明の物件なども使われたようだ。

多重リースでユーザー役となるのは、資金繰りに困った企業。サプライヤーから見返りに資金を受け取る。ただし、複数のリース会社と契約を結ぶ以上、多額のリース料の支払いが求められる。このため、結果的には高い金利で借り入れするのと変わりないが、目先の資金繰りを切り抜けようと、ユーザー役となる会社がある。マッハ機器もその1つだった。

例えば、同一の生ゴミ処理装置に対し、2012年8月から13年4月までの8カ月間でリース会社6社とリース契約を締結。触媒脱臭装置、フォークリフトなどの契約でも多重リースの疑いがある取引が見つかった。代理人弁護士の調査によると、サプライヤーからマッハ機器が受け取った金額は約2億円。一方、マッハ機器がリース会社に支払ったリース料は約1億5000万円、さらに未払い金として約2億5000万円の債務が残された。いわば2億円の借り入れで4億円を返すのと同じで、これが多重リースの実態だ。

ユタカ電機、マッハ機器の倒産は、どこにでもありそうな中小企業があっという間にM&A（合併・買収）による資金流出、融通手形、多重リースなどに巻き込まれる怖さを改めて示している。

カツオ11トン取られた詐欺から会社守る基本動作　A社

会社の経営破綻は大きく2種類に分かれる。やむを得ず破綻するケース。もう1つは、わざと破綻するケースだ。前者は破産や民事再生法の適用申請など法的処理が一般的だが、後者はある日突然、当事者が消えてしまう「夜逃げ」が中心。中でも、取引先が納めた未払いの商品と一緒に消える「取り込み詐欺」は悪質で、巻き込まれた会社が連鎖倒産してしまう最悪の事態も考えられる。ここで中小ベンチャー企業の経営幹部が詐欺に遭わないようにするために知っておくべき基本動作を紹介する。

■一度だけ代金の支払いがあった

警視庁捜査2課はこのほど、栃木県に本社を置く水産卸A社の監査役を詐欺容疑で逮捕した。1キロ約750円相当のカツオのたたき約11トン分を東京・築地の水産加工品メーカーからだまし取った疑い。「ホテルやレストランに販売している」「受注が増えた」などと言いながら、代金を払わずにカツオのたたきを仕入れ、卸業者に1キロ400円で転売していた。これとは別に、複数の会社から合計約2億3000万円相当の海産物加工品をだまし取った疑いもあるという。

実はA社はもともとは水産卸会社などではない。2006年11月に群馬県で現在とは異なる社名のN社として設立。産業廃棄物に含まれる有害物質を無毒化するリサイクル事業を目的としていた。現在のA社に社名を変えたのは12年7月で、当時の役員全員が退任し、入れ替わりに今回逮捕された監査役のほか数名が就任している。

監査役は代表取締役になりすまし、賞味期限が迫っている、あるいは商品を倉庫に保管するコストが負担となっている業者に、言葉巧みに取引を持ちかけていたもよう。カツオのたたきを取られた加工会社の場合、一度は代金の支払いがあったが、その後の支払いは滞り、そこでだまされたことに気づいたという。このほか、12年の役員入れ替わりで取締役になったある者は、別の食品会社Xの社長を兼務している。そして、このX社も代金を払わずに商品を取り込んだ疑いが持たれている。今後の警察の取り調べや司法の手続きを踏まえないと全貌は明らかにならないが、外形上は典型的な取り込み詐欺の要件を備えているのは確かだ。

通称「パクリ屋」といわれる詐欺集団が、言葉巧みに取引を持ちかけ、数百万円、数千万円単位で商品などをだまし取る。大掛かりなケースだとその被害総額は十数億円にも膨らむことも。現在でも全国で10を超えるパクリ屋が暗躍していると見られる。

その典型的な手口はこうだ。まず、ターゲット企業に電話やＦＡＸ、電子メールなどで「御社の商品を扱いたいのでサンプルが欲しい」と言って商談を打診する。昔はターゲット企業の選定に電話帳などが使われていたが、現在はインターネットのホームページが主流になっているようだ。大規模な展示会に潜り込み、その場で商談をまとめることも多い。パクリ屋は銀行、自治体が主催する商談会にも現れ、相手が自然に信用してしまうことを狙うなど、年々手口は巧妙化している。

狙われる商品は日持ちのする冷凍食品、食肉、水産品のほか、パソコン、ブランド品、急速に需要が高まった発光ダイオード（ＬＥＤ）関連商品など。共通するのは換金性が高い点だ。お歳暮の時期には贈答品に利用される食品や値崩れしにくい有名ブランドのノートパソコンが狙われやすくなる。

■年末年始は要注意

商談を設定してターゲットに接触できたら、次のステップは信頼の獲得だ。取引の前に、会社案内や登記簿謄本、決算書をＦＡＸなどで送付。大手企業との取引、多額の資本金、黒字経営による支払い能力の高さなどをアピールする。あの手この手で相手先を信頼させるのが常とう手段だ。その後、取引開始に成功すると、最初は現金で、少額の商談を数カ月続ける。ある程度の信頼を得たころに、大口商談を持ちかけ、一気に巨額の商品を取り込み、代金を払わないまま逃げてしまうのだ。

年末年始、大型連休、年度末などの直前に動きを活発化させるのもパクリ屋の特徴の1つ。決算直前やシーズンの節目に売り上げ実績が欲しい企業にとって、新たな取引先からの大口受注は干天の慈雨に思えてしまう。これを逆手に取ったうえ、長期の休暇を挟めば、逃亡や証拠隠滅の時間を稼げるのが、その理由だ。

同じ複数のメンバーが、複数の会社を使いながら取り込み詐欺を重ねていくのもパクリ屋の特徴だ。大半のケースで休眠会社を手に入れた後に、会社の商号、役員、定款《ていかん》（営業目的）などを変更し、全く別の会社を作り上げる。

実は「会社登記」マーケットなるものも存在する。インターネットで検索すれば会社を売買する業者があることが確認できる。長い業歴、各種の登録免許、銀行口座、手形帳などがそろっている会社が金を出せばすぐに手に入るのだ。

それでは取り込み詐欺の被害から企業を守るにはどのような点に気をつければよいのか。最初に確認したいのは会社の商業・法人登記だ。今は各地の法務局に出向かなくてもインターネットで閲覧できる。ある食品会社の場合、商号は過去10年で4回変更。また代表取締役も4回と不自然な動きが見える。過去の倒産を隠すために、ダミーの社長を登記することも少なくない。

■注意ひとつで防げることも多い

本業と明らかに異なる事業を開始した場合も注意したい。たとえば建設業者や印刷業者が食品、家電の販売を始めた、などといったケース。登記簿の「目的」の項目に大きな変化がないか、チェックしてみよう。本店の移転も重要な確認ポイント。会社の登記には、法務局の管轄があって、それをまたぐとそれまでの変更内容が「閉鎖登記」に回され、表面的には

「まっさら」の会社が出来上がる。疑念が湧いたら、閉鎖登記も併せて閲覧するのがよいだろう。

登記の確認に加えて励行したい基本動作は相手の会社への直接訪問だ。百聞は一見に如《し》かず。社長が姿を見せない、事務所のレイアウトが不自然など、怪しい会社は独特の雰囲気を醸し出していることが多く、それに気づくだけでも相当数の詐欺は防げる。

少しでも疑問や不安を感じたら手間を惜しまないほうがいい。前述した項目に該当することがあれば、詳しく調べる必要がある。

会社に関係する罪の中で「詐欺罪」は罪が重い。刑法246条の規定では10年以下の懲役だ。背任罪（5年以下の懲役）、横領罪（5～10年以下の懲役）と比べても大きな刑にもかかわらず、後を絶たない取り込み詐欺。パクリ屋は現在もどこかで暗躍している。明日にも、あなたの会社に疑惑の商談メールが届く可能性があると思ったほうがよさそうだ。

コメ偽装に手を染めた三瀧商事その手口と末路

2013年、流通大手イオンに納入された弁当やおにぎりに産地偽装米が使われたとされる問題が発覚した。事件を起こしたのは三重県四日市市の老舗米穀会社、三瀧《みたき》商事。食の安全を揺るがす不正だけに、消費者や取引先の反応は厳しく、同社はその後解散に追い込まれたほか、元社長らは不正競争防止法違反容疑で逮捕された。厳しい品質管理が求められる食品関連業界で、なぜコンプライアンスがないがしろにされたのか。コメ流通の問題点と偽装に手を染めた企業の破綻までを検証する。

■イオンの弁当に外国産米が混じる

「非常に悪質な事案。警察とよく相談して厳正に対処していきたい」――。2013年10月4日、農林水産大臣の林芳正（当時）は閣議後の記者会見で三瀧商事によるコメの偽装について、こう憤った。当時の農水省の調べによると、三瀧商事は10年10月から13年9月の間に、愛知、岐阜、三重、滋賀、大阪の5府県67業者に中国産や米国産の混じったコメを「国産米」として販売。その数量は約4400トンに上った。

その67業者の中には、フジパングループの弁当・総菜会社の日本デリカフレッシュ、日本フーズデリカ（いずれも名古屋市）が含まれていた。両社が製造した弁当、おにぎりがイオンに納入され、「国産米を使用」との表示で販売され、消費者の口に入った。

不正はそれだけではなかった。本来はゴハンに適さないコメを主食用と偽っていたことや、虚偽の伝票の作成や取引記録の虚偽記載などが、関係当局によるその後の調べで判明している。

三瀧商事とはどのような会社なのか。起源は西郷隆盛ら士族による西南戦争が起きた1877年（明治10年）までさかのぼる。元社長の服部洋子の前夫である服部月松の祖父が米穀卸商「米忠商店」として創業。1950年に三瀧商事に屋号を変えて、70年には株式会社として法人化した。

96年、株式会社になった当時から社長を務めていた月松が辞任し後任に洋子が就く。実はこの時期までに月松と洋子は離婚しており、元夫から元妻にトップが交代した形だった。夫婦関係は破綻したが、ビジネスパートナーとしての両者は途切れたわけではなく、月松は関係会社のジャパンゼネラル（三重県四日市市）に移籍。洋子が服部姓を捨てなかったのも、月松の業界内の影響力や金融機関への信用などを考えてのことだったようだ。

ジャパンゼネラルはもともとは三瀧商事の輸入部門を独立させてできた会社で、月松は洋子との離婚後、次女とその夫と組んで主に中国からの食品輸入で事業を拡大させた。

一方、三瀧商事の社長に就いた洋子は強烈なワンマン経営で販路を開拓、業績を伸ばしていった。自らが支部長を務めていた全国穀類工業協同組合三重県支部や、全農、商社から米、雑穀、穀粉を調達し、グループ会社のミタキライス（四日市市）を通じて、パン、菓子、清酒メーカーに販売。事件発覚直前は年間77億円の売上高があり1億円以上の利益を上げていた。しかし一方で、業界関係者の中では三瀧商事の業績が「良すぎる」と疑問の声が上がっていた。

■元夫に近い人物からの内部告発？

米穀卸商の倒産はリーマン・ショックをピークに高止まったままだが、これは米価の低迷や、消費者のコメ離れ、購買チャネルの変化などが原因とされる。業界の財務データの平均値を見ても、売上高当期純利益率がわずか0・06％と赤字すれすれの状況で、苦しい業界環境がうかがい知れる。それと比較すると、三瀧商事の利益率は約2倍。本社や精米工場などの施設も全て無借金で所有しており、もうけぶりはいやが応でも目立った。

なぜ、三瀧だけ業績が良いのか。「偽装」のうわさがささやかれだしたのはこのころだ。実際、2000年代後半に、その傍証になるような安全性未審査の遺伝子組み換え米の混入事件などを起こしている。

そして13年、偽装が露見した。前年に月松が死去。次女もジャパンゼネラルから洋子側に戻っていた。洋子がジャパンゼネラルと距離を置こうとした矢先、月松に近い人物から内部告発があったとされている。

偽装には2つのパターンがあった。1つがイオンの弁当・おにぎり向けに代表されるような産地、品種、生産、精米時期などの偽装。特に外国産うるち精米が混合しているのに「愛知県産あいちのかおり」と偽って販売したのが大きな問題になった。

もう1つのパターンが、加工用米、通称「マル加」の主食用米への流用だ。コメの用途は炊いてゴハンにする主食用米と、米菓やみそ、焼酎などの原料になる加工用米に大別される。加工用米の外袋には、「加」のスタンプが押されていることからそう呼ばれている。三瀧商事は、玄米茶などに使用する加工用米を製茶業者を経由して手に入れ、主食用米として販売していた。

加工用米は減反など生産調整対象の田で生産され、主食用として流通しないように細かく砕くなどの加工がなされる。しかし、玄米茶向け用途の場合はそのままの形で流通することから、製茶業者を迂回させる手口を使ったようだ。

■不正の代償は解散、破産、逮捕

一連の不正取引の代償は大きかった。ほとんどの大手取引先から取引停止を突きつけられた三瀧商事とミタキライスは農水相の林が激怒したわずか6日後の2013年10月10日、臨時株主総会を開いて解散と清算を決議。それから二週間後の10月24日には三重県警が日本農林規格（JAS）法違反と米トレーサビリティー法違反の疑いで、同社などに家宅捜索に入った。伝票の改ざんを行ったとされるジャパンゼネラルは13年11月22日に東京地裁から破産手続き開始の決定を受けた。

さらに「被害者」の立場の日本デリカフレッシュ、日本フーズデリカは損害賠償請求訴訟を起こし、14年3月3日に洋子の所有する不動産に対して仮差し押さえなどの対抗策を講じている。

そして同年8月14日、洋子や長女の娘婿の北村文伸ら経営幹部は不正競争防止法違反容疑で三重県警に逮捕され、9月4日に津地検によって津地裁に起訴された。

今回のコメの偽装事件の背景には、いくつかの問題がある。まず、品種の違うコメの混入を、消費者がどこまで分かるのかといった点だ。ある業界関係者は「(混入が)3割までなら分からない。炊いてしまえば、もっと(比率を上げても)分からないだろう」と話す。長らく続いていた食糧管理制度で、安定的な供給を政策的に取っていたコメは、品質を均一化するために「混ぜる」慣習が存在し、いまだに根強い影響力を持っているということだ。

次に挙げられるのがコメの流通経路の変化で、価格決定力は米販売店からスーパーなどの大手流通へシフトしている。コメの消費量の減少に、おにぎり、弁当などの「炊飯米」の増加も加わり、流通サイドの価格引き下げ要請は強まる一方だという。生産コストを抑える努力ではなく、安易な偽装に走る業者は少なくないとの指摘がある。

さらに、04年4月に食糧法が大幅に改正されコメの流通・販売が自由化された。その結果、大手商社系のコメ販売業者が台頭。本来なら淘汰されるべき競争に負けた一部業者が偽装に走る結果になっている。

■涙ながらに謝罪の言葉

事件発覚当初、三瀧商事の経営幹部は「不正は月松が主導したもので、洋子は関知していない」との旨のコメントをしていた。洋子自身も逮捕後の取り調べでは当初、容疑を否認していたが、2013年9月9日に保釈され三重県警四日市南署から出る際には「大変申し訳ないことをした。皆さまに心の底からおわび申し上げる」と涙ながらにコメントした。付き添った弁護士によると、今後予定される公判では罪を認めて謝罪するつもりだという。

全ての伝票は洋子自身が目を通していたといった周囲の評判から様々な臆測が聞かれるが、傘寿《さんじゅ》に近い人物がどこまで不正を把握し、関与していたのか、外からは判断できない。なにより、不正が露見した場合にどのような事態になるのかというコンプライアンスの情報をどこまで理解していたのか。

経営者にとって重要な資質に「情報力」がある。業界、同業者、経済など様々な外部情報があるが、忘れてはならないのが内部情報を集め分析する能力だ。悪い情報をあげさせ吟味する。苦言を呈し体を張って止める者に耳を貸す。これができなくなることが、ワンマン経営者の陥りやすいワナともいえる。もちろん、法律を順守するのは経営者の資質以前の原則であることは、言うまでもない。

第7章

出版業界のタブーに迫る

中堅取次の栗田出版販売が倒産 債権者説明会は4時間超に

出版業界でささやかれていた「あの会社が危ない」との懸念が2015年6月26日に現実となった。経営が行き詰まった栗田出版販売（東京・千代田）は負債総額が134億円、債権者数が2000社を超える大型倒産となった。書店という身近な存在の水面下で進む、出版業界の構造変化を象徴する出来事となった。

■「街の本屋さん」向けに強み

出版業界は出版社、取次、書店の3業態で構成されている。出版科学研究所によると、出版社は中小を含めて約2000社。取次業者はいわば書籍の問屋にあたり、大手の日本出版販売（東京・千代田）、トーハン（東京・新宿）のほか、大阪屋（東大阪市）、今回の栗田出版販売を含む中堅など、合わせて約30社。書店は全国に約1万4000店ある。日本チェーンストア協会によれば、最近ではコンビニエンスストアの店舗数が書店の約4倍に拡大。大手取次の積極的な施策でコンビニが販売チャネルとしてシェアを伸ばしている。

栗田出版販売は１９１８年（大正７年）に「栗田書店」として創業した後、戦時統制によって「日本出版配給」に組み込まれ、戦後の独立を経て現在の組織となった。札幌、福岡に支店を展開して売り上げを拡大。ピークの91年9月期には７０１億円を計上していた。その後、出版業界の低迷で売り上げを落とし、２０１４年9月期の売上高は３２９億円程度となった。

業界4位だが、出版取次は日本出版販売、トーハンの大手2社で売り上げの8割を占める寡占市場。栗田出版販売の売上高はトップの日本出版販売の５１３６億円（16年３月期）と比べると1割に満たない。それでも生き残ってきたのは、「街の本屋さん」を顧客に抱え、大手の目が行き届かない小回りを利かせた取り組みを進めていた点にあった。

出版業界では再販売価格維持制度（再販制度）のもと、「返品条件付売買」で流通が成り立っている。書店が返品した場合、取次からの販売価格で返金。取次も出版社に対して同じ販売価格で返品、返金を行う。新刊本は約7割、雑誌などは約４割が返品されるといわれる。返品まで実売数が把握できないなど、非効率な経営の要因となる一方、資金力に乏しい中小の書店がこの仕組みによって一定の品ぞろえを整え、活字文化を支えてきた側面がある。最近は買い取り型の書籍や、返品率の低い書店にリベートを支払う「責任販売制」などの取り組みも始まっているが、一般的には返品が前提だ。

一方で、出版業界は販売の減少にさらされている。出版科学研究所によると、96年の2兆6564億円をピークに市場規模は減少傾向が続いており、16年には1兆4709億円まで落ち込んでいる。背景には主要購買層である若者の減少、携帯電話、ゲームなどへの支出、新古書籍販売書店の進出、図書館利用の増加などがある。取次や書店を経由しないネット販売の急速な拡大、電子書籍の影響も出始めてきた。追い打ちをかけたのが、14年の消費税増税で、雑誌の販売冊数の場合、増税後ほとんどの雑誌が1割近い落ち込みとなった。

栗田出版販売はこうした影響から最近では6期連続で経常赤字となり、14年9月期以降は債務超過に陥っていた。強みのあった中小書店で休廃業が相次ぐ中、返品率が上昇。売掛金の回収難も生じ、資金繰りが悪化していた。これに消費増税に伴う書店販売の落ち込みが加わり、大口決済日となる7月6日の14億円の支払いに対して10億円もの資金不足となったことから自力再建を断念。15年6月26日、民事再生法の適用を申請した。

再建のカギを握るのはスポンサーとなった業界3位の大阪屋だ。破綻当日「栗田出版販売民事再生申立にともなう表明」と題したペーパーを債権者へ送ったことから、主導的な立場で再建を支える方針がうかがえた。栗田出版販売の果たしてきた中小書店に対する役割を理解した出版社も数多くあった。

それでも7月6日にベルサール汐留（東京・中央）で開催された債権者説明会は4時間を超え、異例の長時間となった。今回の民事再生法申請は、事前に大阪屋によるスポンサー支援や日本出版販売の連結子会社である出版共同流通の支援を取りつけた「プレパッケージ型」だったが、これが一部の債権者の不信感につながった。

同時に反発を招いたのが、業界の慣習による返品処理方法だ。債権者である出版社にとって、破綻前の売掛金は再生債権として扱われるため、一定金額の弁済しか受けられない（平均弁済率は20％程度）。一方、再販制度の仕組みで本来書店から栗田出版販売を経て出版社に送られるはずの返本が、破綻後は民事再生法の手続き上、大阪屋経由となる。このため、返本による出版社側の債務と破綻前の栗田出版販売向けの債権は相殺できず、出版社は弁済率でカット後の債権分しか回収できない。

今回、スポンサー企業となった大阪屋は14年の第三者割当増資によって楽天が筆頭株主となっている。在庫、販売状況のリアルタイムの把握や、物流のスピード化、ポイント制度の導入など、いわばアマゾンに代表される黒船の相次ぐ登場に、いかに対応するのかが試されている。今後、さらなる流通の再編の可能性は高いだろう。

芳林堂書店倒産の教訓　もたれ合いが共倒れを生む

取引先と緊密な信頼関係を築くことは、企業成長のポイントの1つだ。しかし、それが過度のもたれ合いになったとき、共倒れのリスクを抱えることになる。2016年2月に相次いで経営が行き詰まった太洋社（東京・千代田）と芳林堂書店（東京・豊島）は出版不況の深刻さと同時に、依存度が高くなりすぎる危うさを示している。

■相次ぐ取次の経営破綻

出版業界では、取次4位だった栗田出版販売（東京・千代田）が2015年6月、負債134億円を抱えて民事再生法の適用を申請。業界全体が「次はどこが危ないのか」と疑心暗鬼になった。こうしたなかで関係者の関心を集めていたのが太洋社だった。

太洋社は戦後間もなく創業した老舗の取次店。ピーク時の05年6月期は売上高487億円、取引店舗数は1200店にまで拡大していた。コミックや雑誌に強かったことから「コミックの太洋社」と呼ばれた。しかし、アマゾンなどインターネット通販サイトの台頭や人口減少、電子書籍化などで売上高は15年6月期には171億円とピーク時の3分の1程度に減少した。

栗田出版販売の経営破綻を契機に、業界では新たな焦げつきをおそれる出版社、さらに配本の遅れを危惧する書店の両方から、取次を変更する「帳合変更」が相次ぐようになった。経営の厳しい太洋社は、その矢面に立たされた。債権者である出版社、債務者である書店から「信用不安」による取引解消を突きつけられた。

最終的には、周囲からXデーとしてささやかれていた16年2月5日、太洋社は「自主廃業のお知らせ」とする案内文を取引先に対して配布、3月15日付で東京地裁より破産手続き開始決定を受けた。

このときに関係者が注目したのは案内文に書かれた内容だった。廃業の理由は出版不況や帳合変更だけでなかった。もう1つ、書店からの回収不能問題を挙げていた。

太洋社の説明によれば、15年12月末時点で出版社に対する買掛金は約47億円あった。一方、書店からの回収予定である売掛金は47億5000万円。計算上は支払い可能だったが、約6億円が回収できないことが発覚したという。理由は一部書店に対する売掛金に対して、多額の延滞が生じていたためだ。

そして、回収できない大口取引先の1つが芳林堂書店だった。

戦後間もなく創業した芳林堂書店は古本屋がルーツの老舗だった。1971年には池袋に芳林堂ビルを建設し、旗艦店を開業。しかし、競合店との競争や出版不況などによって03年12月には池袋本店を閉店。15年8月期では売上高がピーク時から半減の35億円となっていた。

■支払いを延滞、帳合変更が難しかった

太洋社とその主要取引先の芳林堂書店とは、どんな関係にあったのか。

ひとことでいえば、それはもたれ合いだった。

取次が廃業した場合、書店は本来、ほかの取次に帳合変更すればいいはずだ。しかし、その前提となるのは、それまでの取引で「延滞」がないこと。それだけに資金繰りに不安のある書店の場合、帳合変更するのが難しい。太洋社と芳林堂書店は長年にわたりもたれ合いの関係を続けた結果、太洋社が回収できない債権があった。このため、帳合変更は難しかった。芳林堂書店は事業継続が難しくなり、2016年2月26日、東京地裁に自己破産を申請。9店舗をアニメイトグループの書泉（東京・千代田）に譲渡することなどを明らかにした。

2社の行き詰まりは、取引関係を深めるうちに依存度が高くなりすぎ、最終的にそのリスクが顕在化したケースだといえる。企業間取引ではシェア拡大が大きな課題となる。しかし、リスク分散のないシェア拡大は企業にとって両刃《りょうば》の剣となり、双方の危機に直結する。

もたれ合いの経営が、企業の存続を危うくした事例といえば、05年に発覚したカネボウも

そうだった。カネボウの場合、後発のアクリル糸の販売実績を上げるために、取引先の1社である興洋染織との取引拡大に走った。その結果、総額で数百億円を超える在庫を抱えた興洋染織を支え続けた。しかし、それが回収の見込みがない不良債権を、複数のグループ企業間で付け回しする循環取引や連結外しなどの粉飾決算につながった。最終的にはカネボウは解体して花王グループの傘下に入り、興洋染織は倒産となった。

もたれ合いと関係強化。そのバランス感覚が失われたとき、企業の倒産リスクは高まる。

「こびとづかん」生んだ長崎出版
売上高16倍後の没落

カクレモモジリにリトルハナガシラ……。全身タイツを着た老け顔のこびとの生態を観察するという設定の絵本「こびとづかん」をご存じの方は多いだろう。作家なばたとしたか著作の絵本で、気持ち悪さの中にかわいさが共存するこびとは2006年の誕生以来、「きもかわキャラ」として人気を博し、関連グッズやＤＶＤ、ゲームソフトなど様々な商品展開がされている。当初シリーズの書籍の出版を手掛けていたのは長崎出版（東京・千代田）。こびとのヒットで一時は年間売上高が16倍に拡大したが、13年に版権がほかの出版社に移り失速。14年８月22日に東京地裁へ自己破産を申請し、９月25日には破産手続きの開始決定を受けた。なぜ没落してしまったのか。

■手堅い本業、売上高が急拡大

長崎出版の設立は１９７５年５月。東京・神田に集積する年間売上高数千万円の中堅出版社の１社だったが、２００２年12月に辻晋泰《つじくにひろ》が同社を買収し代表取締役に就任してから、拡大路線を歩み始める。

辻は大学を卒業後、出版・編集業務の経験を複数の企業で積み上げてきた叩き上げの「出版人」。代表就任後は絵本、健康・教育関連などの実用書、洋書を３本柱に年間60〜80冊のペースで新刊を発行。少しずつではあるが着実に売り上げをアップさせていった。

こうした中で「こびとづかん」のヒットに恵まれる。06年の初版は数千部の静かなスタートだったが、口コミで「きもかわ」人気が広がり、07年4月期には辻が代表就任後としては初の年商1億円を突破。さらにキャラクターが大手菓子メーカーの食玩に採用されたことが爆発的なヒットを決定づけた。

また書籍を補完する形で、児童書関連のDVD、ぬいぐるみ、ストラップといったグッズ類の企画・制作を関係会社とともに手掛け、売り上げアップを図った。グッズ販売でも、やはりけん引役は「こびとづかん」シリーズだった。飲食店のキャンペーンキャラクターに採用されたこともあり、11年4月期には年商7億円へと急伸、1億円以上の利益もあげた。

本業だけ見れば、手堅い営業政策をとっていたといえる。売り上げアップを続けても、新刊の初版は3000～7000部程度でスタートさせ、売れ筋となってから重版していく慎重さも垣間見られた。返本率は大手出版社などで一般的に言われる40％を大幅に下回って推移していたようだ。

つまずきの原因は本業以外にある。代表本人が破産申立書の陳述書で明らかにしているように、売り上げが順調に伸び始めたころから、畑違いの投融資に手を出し、しかもことごとく失敗するという悪循環を繰り返していたのだ。例えば、私設の学童保育運営会社や映像制作会社、あるいは不動産・建築会社などに、出資や商権の取得といった形で数百〜数千万円単位の資金を投じている。しかし、これらの大半が継続的な赤字を計上。その後、投資を回収することなく当該会社の株式を手放すなど手じまいに追われた。

さらには11年ごろにコンサルティング会社の代表を務める人物と知り合い、同氏の助言で、これまた様々な事業へ投融資を行うのだが、ここでも何千万単位での不良債権を繰り返し発生させている。こうした状況を挽回しようと、知り合った別の人物の話に乗っかってはまたまた損失を発生させる。ここまで泥沼にはまってしまうと、抜け出すのは難しいようだ。

ただ、この間も売り上げは伸び続けた。「こびとづかん」シリーズは、フィギュアやDVDなどがテレビや雑誌で取り上げられる機会が増加。日本女子サッカー「なでしこリーグ」の初のオフィシャルガイドブックを手掛け、それがヒットしたことも寄与し、13年4月期には売上高が過去最高の16億円強に達している。

■作者が三くだり半

しかし、長崎出版にとって最も重要なコンテンツであった「こびとづかん」の作者に対する著作権料の未払いを巡るトラブルが致命傷となった。2012年に協議を行い、基本は1年ごとの自動更新としつつ、なばた本人の要請によって更新を断ることもできるとする内容の出版権設定契約が改めて締結された。そして、繰り返された未払いによって契約が解除されたのは過去最高の決算を記録してから2カ月後の13年6月のこと。まもなく長崎出版は、資金繰りの悪化が表面化し始め、関係取引先の警戒感が増すなか、実質的な事業停止状態に陥ってしまった。

ちなみに「こびとづかん」の版権はロクリン社（東京・目黒）が引き継いだ。キャラクターはきちんと保護された形だが、長崎出版の経営破綻で関係者は少なからず風評被害を受けたようだ。9月30日にロクリン社は「一部報道において『こびとづかんの出版社が破産』という誤解を招く表記の記事が掲載されたようですが、現在は弊社が出版しており、今後も同シリーズの展開を続けていく予定です」という内容の声明を発表。作者のなばたもツイッターでこうつぶやいた。「コビト好きの皆様、関係者の皆様にご心配おかけしてしまい大変申し訳ございません。僕の所にも大丈夫？　と沢山の連絡ありますが、コビト達にはなーんにも関係ないお話です。コビト達の正しい居場所は、僕とロクリン社がしっかり守って行きます。

これからも変わらずこの子達を可愛がって下さいませ〜」

長崎出版が投資した事業は10以上にも及んでいる。それら事業の中身もバラバラで有機的なつながりは感じられない。急成長している会社と取引するときに注意したいのは、基本的なことではあるが、一般的に企業の経営状態は関係会社を含めてみなければならないということだ。そもそもそれら関係会社はどういう目的で、何をしている会社なのか。業況、財務状態が本体に悪影響を与えていないか。休眠している関係会社が複数ないか。なかには関係会社を利用した決算操作が疑われるケースもある。

■部外者に財務を任せるリスク

一方、急成長する会社の立場から見た教訓は何か。長崎出版の陳述書のなかで引っ掛かったのは、コンサルに対し「当社の財務の全てを任せてしまった」、あるいは、立て直しを図ろうとしたタイミングで「当社の経営の全てを任せてしまった」といったフレーズである。上場企業のような大企業は別としても、代表取締役が財務の全てを外部の人間に任せてしまうところに疑問を感じる。

過去の他社事例として、えたいの知れない外部の人間が「御社を上場させるから」と言って企業に入り込み、上場という夢に舞い上がった社長が経理の全てを任せたために、いつの間にか決算が粉飾されていたというようなケースもある。経営者としてのバランス感覚が大事である、などと簡単に言うつもりはないが、少なくとも計数面が不得手、関心を持たない経営者というのは破綻会社ではしばしば登場するものである。トップの自覚はもとより、トップの不見識を戒める人物が企業には必要だ。

破綻しても復活、ギャル雑誌「小悪魔ageha」

アパレルや出版業界では、よく景況感と女性ファッションの関連性が指摘される。景気がよくなる局面では鮮やかな色の服装やメーク、ボリュームのあるヘアスタイルがはやり、不景気に向かう局面では落ち着いた機能的なファッションが好まれる、といった具合だ。そうした相関を想起させる企業破綻が昨年あった。ギャル系ファッション誌として一世を風靡した「小悪魔ａｇｅｈａ（アゲハ）」の発行・発売元、インフォレスト（東京・千代田）。華やかな雑誌の内容とは裏腹に、不明朗な取引の末に資金繰りに行き詰まり、２０１４年12月、東京地裁から破産手続きの開始決定を受けた。

■夜の社交界の女性が愛読者

「小悪魔ａｇｅｈａ」は２００６年に創刊され、ピーク時の08年には発行部数40万部、実売でも30万部と女性向け雑誌としては記録的な人気を誇った。主な読者層は10代から20代までの女性。渋谷系といわれる「ギャル」ファッションをメインテーマに、着こなしや、メーク、生活スタイルなどを取り上げて、髪を高くセットする「盛髪《もりがみ》」を流行させた。

タイトルのａｇｅｈａはアゲハチョウから来ており、夜の社交界できらびやかに羽ばたく女性の暗喩だ。編集方針もクラブやバーなど夜の飲食関係で働くギャル、いわゆる「ホステス」「キャバクラ嬢」を強く意識しており、独特のメーク術やドレスの着こなし提案のほか、人生相談のコーナーでも夜の世界に働く女性ならではの内容が取り上げられていた。人気を集めるにつれ、夜の飲食関係の女性たちのバイブル的な存在となり、「小悪魔メーク」や「ａｇｅ嬢」といった新語も生まれた。

これらヒット企画を生み出したのが、カリスマ編集長として知られる中條寿子だった。中條はもともとホステスの経験があり、自分たちのための雑誌をコンセプトとしていたのが読者の支持を得た。また誌面に登場するモデルもホステスやキャバクラ嬢を起用して、勤務先とのタイアップの企画を始めた。ほかの女性誌が東京を中心とした都市部の編集に偏りがちな中、地方のモデルにもスポットを当てるなど、独特の編集スタイルが部数30万部を支えたとされる。

発行・発売元のインフォレストはもともと、金融、出版、教育事業を手掛けるセブンシーズホールディングス（旧社名ゼィープラス、04年に東証2部上場）の全額出資子会社だった。セブンシーズＨＤ傘下の英知出版を分社化する形で02年に創設。「小悪魔ａｇｅｈａ」の大ヒットに加え、ムック本の販売も当たり、掲載商品の通販事業も開始したことから、09年3月期には売上高が約75億円と、親会社セブンシーズＨＤの売上高の4割強に相当する水準に達した。

しかし、このころから雑誌編集・コンテンツ制作の現場と経営との間に溝が生じ始める。あくまで読者に軸足を置く現場に対し、経営側は部数増に伴う「会社の資産価値の増大」に視線を向けるようになったのだ。

10年3月、セブンシーズHDはインフォレストの全株式を25億円でカラーズインターナショナル（東京・渋谷）に売却する。新たな親会社になったカラーズインターは投資会社の傘下の企業で、衣料・雑貨の販売やウェブサイト製作などを主要事業としており、出版業界に通じているとは言い難かった。

■手形が出回る

インフォレストが業績不振に転じるのは、この段階からだ。親会社の変更で就任した新社長はわずか3カ月で体調不良を理由に退任し、次の社長も半年もたたずに退くなど、わずか8カ月の間に3回の社長交代が起きた。この間、同社が振り出した手形が複数枚、金融業者の間で出回るようになった。

企業信用調査マンの世界では、「手形の出回り」は資金繰りの悪化を疑うシグナルの1つだ。60日後や90日後など一定期間後の期日に現金化されることを約束した「約束手形」を、いくつかの金融業者に持ち込むものの、割引（事実上の融資）を断られる事態を指す。振出人（資金を支払う側）や、持込人（手形を受け取り現金化した資金を受け取る側）どちらか、もしくは双方の信用不安が理由であることが多い。

今回のケースでは、都内でセールスプロモーションや店舗ディスプレー業を行っているA社が、インフォレストの手形を金融業者に持ち込み、融資（割引）を断られた。インフォレストとA社の関係があまりに不明瞭で、金融業者が「融資を受けるために何か取引があったように見せかけたのではないか」と疑ったのだ。

さらに、だれもが知っている大手ＯＡ機器メーカーの子会社のB社で多額の使途不明金が発生する事件が起きた。ＯＡ機器メーカー本体から派遣された調査担当者によると、A社やインフォレストとの間で不透明な取引があったことを疑わせる事態が判明したという。

■カリスマ離脱

インフォレストでは、雑誌編集・コンテンツ制作の現場で経営の迷走に対する困惑が広がった。カリスマの中條は２０１１年に小悪魔ａｇｅｈａの編集長を降り退社。ある雑誌への寄稿で中條は「いつの間にか親会社が変わり、身元がよく分からないおじさんたちが好き勝手なことを言っては、編集者たちが死にものぐるいでつくったものの、利益だけをかすめとっていく。そういう体制にほとほと嫌気がさした」と退社理由を説明している。

そして、A社が14年1月に東京地裁より破産手続きの開始決定を受け、続いてB社が14年3月に東京地裁より破産手続きの開始決定を受けたことで、信用不安が一気にインフォレストにも波及する。印刷業者への支払いが滞ったほか、モデルや編集者へのギャラの支払いも遅れ始めた。

この時期、あるインターネットの投稿サイトでは「まずいことになってきた」「経営は大丈夫か」といったインフォレストの関係者とみられる書き込みが散見されるようになった。「14年4月14日12時に（重大発表のため）本社ビルに社員を集める」との書き込みもあったことから、帝国データバンクではその時間に調査マンを向かわせることにした。

本社を訪問した調査マンによると社内は平穏な雰囲気。「責任者はいないので分からない」と追い返された。だが、このとき既に破綻に向けた準備が着々と進行していたようだ。情報部員に対応した人物は社員ではなく、その後のインフォレストの破産手続きを担うことになる代理人弁護士だった。翌15日には事業を停止し、債務整理を法律事務所に一任。負債総額は約30億円にのぼった。

東京地裁への自己破産の申請は14年11月25日だ。裁判所に提出した申立書の「破産原因が生じた事情」の項目には、以下のような記述が見られる。

・B社の代表取締役○は会社の転売や会社の収益を吸い上げる事により（自身の）債務を返済することを企図し、セブンシーズからインフォレストの株式を買い取ろうとした。（中略）カラーズインターでインフォレスト株を購入することを打診した。

・B社代表取締役○がインフォレストの手形を担保にして、インフォレスト、カラーズの名義で融資を受け始める。借入金返済後、返却された手形をインフォレストに返却することなく、自己の資金調達等の用途のために流用した。

・13年8月頃、総額6億9467万円分の手形等の所在が不明になっていることが発覚。

不透明な取引を主導したのがOだけだったのかは現段階では不明だ。B社の親会社のOA機器メーカーは「Oに対し刑事告発を含めその責任を追及する」とプレスリリースしており、調査が進めば全貌が判明する可能性がある。

企業経営は、経営者や幹部社員＝ヒト、経営資源＝モノ、株主＝カネが有機的に組み合わさり機能することが重要で、特に中堅中小企業の場合は一つひとつの役割が大きくなる。M＆A（合併・買収）はヒト、モノ、カネが入れ替わるタイミングで、飛躍のチャンスにも経営の危機にもなり得る。株主の変更、社長を含めた経営幹部の頻繁な交代、カリスマ編集長との溝という、3つの歯車がかみ合わずに不明朗な取引に巻き込まれたインフォレスト。危機を通り越して経営破綻に至ったのは必然だったのかもしれない。

■愛読者の声に支えられ復活

カリスマ編集長の中條が育てた財産だけは、なんとか命脈を保ちそうだ。芸能コンテンツなどを手掛けるダナリーデラックス（東京・港）が「小悪魔ａｇｅｈａ」の各種権利をインフォレストから取得。ダナリーが発行元、販売受託した主婦の友社が発売元となり、２０１４年12月24日に限定復刻の「小悪魔ａｇｅｈａメモリアルＢｏｏｋ」が発売された。14年5月号が最終号となっていた同誌は、熱烈なファンから再開を望む声が多く、当時の人気モデルの桜井莉菜、荒木さやか、桃華絵里らを起用しての復活だった。発売から1週間で5万部が売れるなど反響を呼び、15年4月にネコ・パブリッシング（東京・目黒）が発売元となって復刊。現在は主婦の友社（東京・文京）が発行元となり、隔月誌として出版を続けている。

第8章

貴方も
その倒産に
巻き込まれる

2015年問題が直撃
千葉国際カントリークラブ破綻の深層

ゴルフ場は、ゼネコンや不動産業者と同様、バブル経済の象徴の1つに挙げられる。バブル膨張に合わせて興隆し、バブル崩壊を経て破綻ラッシュが起きたからだ。件数、負債総額ともに倒産がピークを迎えたのは2000年前半。その後は落ち着きを取り戻したかのように見えるが、ここに来て新たな環境変化が生じている。千葉県長柄町《ながらまち》でゴルフ場を運営する千葉国際カントリークラブは15年1月9日、東京地裁に民事再生法の適用を申請した。バブル崩壊を乗り越えた好立地のゴルフ場が、なぜ今になって破綻してしまったのか。

■周回遅れの預託金問題

経営破綻から約1カ月後の2月上旬、千葉国際カントリークラブは平常通りに営業されていた。ただ、プレーヤーの人数は少なく、何人かのキャディーは退屈さを紛らわせるためにおしゃべりをしている。近郊から来たという4人組の中高年女性プレーヤーに話を聞くと、民事再生法の適用申請を知らなかったらしく、「特段いつもと変わりないが、何かあったのですか」との答えが返ってきた。

同ゴルフ場は１９６８年のオープン。開発業者から営業権一切を20億円前後で買い取る形で75年に千葉国際カントリークラブが設立された。桜コース、竹コース、松コースの計45ホールを有し、起伏に富む丘陵がプレーの難易度を演出している。名門ではなく大衆的なゴルフ場の先駆けとされ、京葉高速道路の蘇我インターから18キロメートルと立地条件も悪くない。近郊・都内だけでなく関東一円から一定の利用客を集め、92年3月期には約25億７６００万円の売上高を計上した。

ただ、その後はバブル崩壊による利用低迷から業績は下降線をたどり、２０１４年3月期の売上高は約８億円まで落ち込んでいたという。こうした状況に加えて、預託金の返還問題が周回遅れで浮上してきたのが今回の破綻の原因だ。

「預託金」と「会員権」。ゴルフをする読者にとっては基礎的な情報かもしれないが、プレーしない読者のために、この独特のビジネスモデルを簡単に説明しておこう。

ゴルフ場の開発にあたり、その運営会社は会員（メンバー）を募集する。メンバーにはビ

ゴルフ場経営者の倒産推移

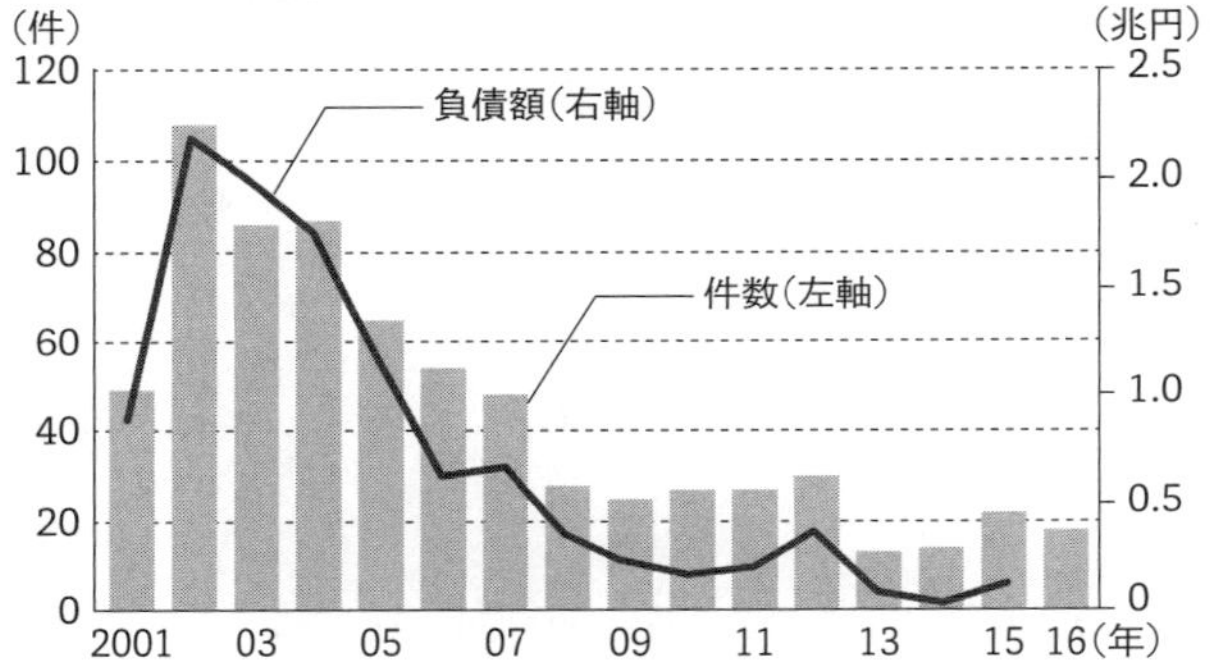

ジターよりも優先的に特別料金でプレーできる権利＝「会員権」が与えられるのだが、そのためには一定額の「預託金」を運営会社に納めなければならない。運営会社は集めた預託金を開発資金の一部に回すのだが、契約上は預託金は10〜15年は運営会社が預かり、その後はメンバーが退会する際などに返還することになっている。

もっともバブル期に開発されたゴルフ場の場合、運営会社が将来の預託金返還を本気で考えていたかは疑問だ。当時は株式、不動産とともにゴルフ会員権も高騰。会員権市場では1億円の大台を超えるものまで流通するなど、価格狂乱の様相を呈していた。メンバーにとっては、返還期限が来て預託金を返してもらうより会員権を市場で売却したほうが圧倒的に得。当時、ゴルフをしない者までが会員権を買いあさったのも、預託金と市場価格のギャップが大きく、投機対象として魅力的だったからだ。

ところが、バブル崩壊によってゴルフ会員権相場は大幅下落に転じる。市場で売却するより預託金を返してもらったほうがいい状態になり、メンバーは当然ながら期限を迎えた預託金の返還を請求するようになった。バブル崩壊が始まってから約10年後の00年前半、預託金償還はピークを迎え、返還に応じられないゴルフ場の倒産ラッシュとなったのである。

■会員権の譲渡が進まない

千葉国際カントリーの場合、この預託金返還問題が実に15年遅れでやってきた。ただ、かつての狂乱相場のような投機の熱気は感じられない。最大の理由として指摘されるのが、プレーヤーの高齢化と若年層のゴルフ離れだ。

ゴルフ業界では当時、「2015年問題」がささやかれていた。ゴルフ人口の中核を成すといわれる団塊の世代が「もう体が動かない」と引退していく一方で、若い世代はゴルフを「お金がかかる」と敬遠。現在に至るまで、プレーヤー数の減少による市場の大幅縮小が懸念され続けてきた。シニアから若い世代への会員権の譲渡がリーズナブルな価格であってもスムーズにいかない。結果として返還請求が増えるという新型の預託金返還問題が、いち早く千葉国際カントリーを直撃したのだ。

18ホールのゴルフ場における適正な会員数として1200〜1500名といわれるなか、千葉国際カントリーの近時のメンバーは約8000名で、45ホールのゴルフ場としても過剰感があったという。母数が多いだけに返還請求するシニアメンバーも多く、結果として資金繰りが行き詰まってしまった。「名門コースのなかには営業上のマイナス分をメンバーが年会費を追加負担して賄ってもらえるところもある」（業界関係者）のだが、大衆的なゴルフ場ではそうはいかなかったという事情もある。民事再生法の適用申請時、債権者は8265名という大人数になり、預託金を含めた負債総額は約56億9000万円に上った。

今も通常営業を続けていられるのには理由がある。破綻した2015年1月9日、ゴルフ場運営大手のPGMホールディングスは、子会社を通じて千葉国際カントリーとスポンサー契約を締結したと発表した。PGMはこれまでも破綻したゴルフ場を数多く買収し再建させた実績があり、今後はPGM主導で千葉国際カントリーの再生手続きが進むとみられる。

ただ、業界そのものの環境は厳しく、前途は明るいとは言い難い。ゴルフ業界誌の出版を手掛ける一季出版（東京・台東）の調べによると、毎年11月中旬時点で集計した営業中のゴルフコース数は、14年、30コース減少した。05年以降、減少数は一桁台で推移していたが、東日本大震災の発生した11年に15コース減ったのを機に市場縮小が加速。12年は9コース、13年は19コース減り、14年は過去10年で最大の減少幅となった。

■メガソーラーへの転換も限界

営業を停止したゴルフ場はここ数年、広大な敷地を必要とするメガソーラーに転換するケースが目立っていたが、「そもそも営業状態が厳しいことが根っこにある」（一季出版幹部）。そして今は、そのメガソーラーも飽和状態にあるため、今年はゴルフコース減少にブレーキがかかる可能性があるという。ゴルフ場に客が入らない。転用もままならない。結果として法的整理が増える可能性が出てきた。

加えて、こんな不吉な観測もある。経営破綻したゴルフ場は通常、法的整理によって預託金などの債務を大幅にカットして再生に向かうのだが、２０００年前後のゴルフ場の破綻ラッシュの際は、預託金の返還時期を例えば10年後などに引き延ばす目的で民事再生法の適用を申請したところが少なくないという。つまり、預託金の返還義務は消えておらず、2015年問題の直撃で、2度目の経営破綻に陥るゴルフ場が出てきてもおかしくはない状況だ。

倒産ラッシュが再発しかねない業界環境を変えるには、いったいどうしたらいいのか。やはりプレー人口の減少に歯止めをかけ、増やすしか道はないだろう。65歳以上の来場者を割引するなど従来プレーヤーを引き留める施策のほか、新規顧客となる若手層の取り込みが欠かせない。一例として、リクルートライフスタイル（東京・千代田）が14年夏から取り組む「ゴルマジ！」という企画が注目に値する。20歳に限りプレー料金を無料にするという概要で、16年3月時点で157カ所のゴルフ場、237カ所のゴルフ練習場が企画に参加しているという。かつてのようなハードルの高さは感じられず、より安く、楽しみやすくなったことは間違いない。抱える課題は決して軽くはないが、各方面と協力して門戸を開いていくことが、ゴルフ業界の将来の道を開くことになるのではないだろうか。

高齢者増でも閑古鳥、老人ホーム破綻の不思議
聖母の会福祉事業団

4人に1人が65歳以上という社会情勢を受け、老人ホームや高齢者住宅のニーズが急拡大している。全国有料老人ホーム協会の調査によると、有料老人ホームの数は2013年7月時点で過去最高の8424件。3年で約1・6倍という急増ぶりだ。その一方で、帝国データバンクの調べでは、老人介護事業者の倒産件数は15年の58件に引き続き、16年も91件と2年連続で過去最悪となった。絶対数の不足が指摘されている老人ホーム・介護施設なのに、事業者の破綻が増えるという、一見矛盾した現象の背景には何があるのか。

■債権者説明会、怒号が飛び交う

2014年10月1日、長野県諏訪市を中心に有料老人ホームや高齢者集合住宅を運営する「聖母の会福祉事業団」（登記上の本社は東京都八王子市）が長野地裁に民事再生法の適用を申請した。その6日後、諏訪市文化センターで開かれた債権者説明会は騒然となった。

有料老人ホームの件数

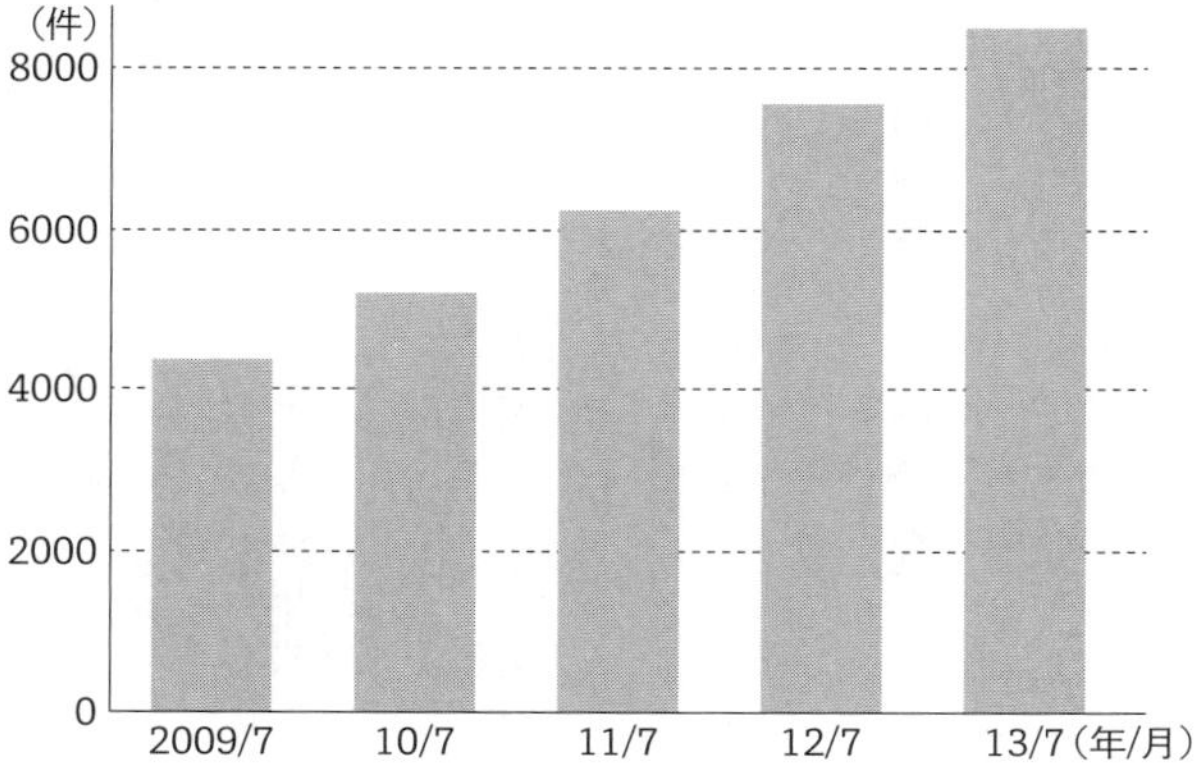

出所：全国有料老人ホーム協会調べ

負債総額は17億円。それには地元信用金庫、地銀、政府系金融機関などからの借入金に加えて、当時施設に入居していた１２８人が支払った保証金も含まれていた。会社側はこの入居者の保証金の債務、総額５億１１００万円が再生債権になると説明。再生債権とは再生計画がまとまるまで弁済が一時棚上げされる債権で、再生計画の内容によっては大幅なカットがあり得る。入居者やその家族が「預けているだけ」と思っていた保証金の一部が返ってこない事態に、会場では「詐欺だ」「だまされた」などの怒号が飛び交った。スポンサー候補として出席していた企業に詰め寄る者も出た。

聖母の会福祉事業団は、れっきとした株式会社、民間の営利企業である。資本金2000万円。代表取締役の鈴木丈史が筆頭株主となっている。諏訪市で1993年に介護付き有料老人ホーム「セント・ベル諏訪湖」を開業したのを皮切りに、2002年から09年にかけて4つの高齢者集合住宅を開設した。

ただ、開業当初から、バブル崩壊の余波を受けて入居者が少ない逆風のスタートだったようだ。こういった施設は、土地建物を自社で取得する「自社物件」ケースと、施設は別に所有者がおり介護事業者が借り受ける「賃借物件」タイプがあるが、セント・ベルは自社物件。金融機関からの借り入れで物件の取得資金をまかなったが、入居者数がもくろみを下回り、支払利息など金融負担が重くのしかかったという。実際、14年10月時点の借入金は10億7100万円で、年間売上高を大きく上回る水準にあった。

「自社物件は負担が重い」との反省もあったのか、2000年代に展開した高齢者集合住宅4施設は賃借物件だった。しかし、これらも軌道に乗ったとは言い難い。諏訪市内や周辺地域に同じような施設がどんどん設立され、競争が激化。入居者が一向に増えない事態が続いたためだ。

■保証金、負のスパイラル

社内データによれば、高齢者集合住宅の稼働率は最も高いもので88・8％。低いものだと40％となっている。施設の低稼働は業績低迷に直結。最近の経営状況をみると、2012年から3年間の年間売上高は4億5000万円、3億9000万円、5億7200万円で、一見持ち直したようにみえるが、収益面でみると一度も経常黒字になることはなく、2億5000万円以上の赤字を累積している。

同業者間との競争で赤字経営が続く聖母の会を、さらに窮地に追いやったのが入居者の死亡に伴う保証金の返還負担だった。このような高齢者向け施設の場合、入居者は最初に一定金額の保証金を入金することを求められる。保証金の制度には2つのパターンがあり、1つは入居期間とともに償却を進め、ある一定の期間を過ぎると返還金はゼロとなるタイプ。もう1つは、入居者死亡などで契約期間が終了した後、全額返還されるタイプだ。

全額返済タイプの場合、入居者の死亡が増えると、当然、保証金の返還という事業者側から見ればキャッシュアウトが増える。本来、新たな入居者が入ってくることでキャッシュインし帳尻が合うのだが、入居率をみる限り苦しい状況であったことが分かる。おのずと新規入居者へは保証金のディスカウントを余儀なくされ、採算悪化は負のスパイラルを描くことになった。

最終局面での資金繰りは、まさに綱渡りだったようだ。ローンの返済も滞るようになり、聖母の会は一部債権者による差し押さえを受けることとなる。診療、介護報酬など受け取るはずの約4700万円が差し押さえられ、口座に入金されなかった……。これがダメ押しとなり自主再建を断念、民事再生法の適用申請に至ることとなった。

■保証金以上のカネを預けていた入居者

前述の債権者説明会が混乱したのには、もう1つの事情がある。定められた保証金を上回る金額を自主的に預け財産の管理を事実上聖母の会に任せていた入居者や、既に死亡などで入居者は退去したが保証金の返還を受けていなかった家族がいたのだ。入居者債権者一覧によると、保証金の債権は1件当たり100万円から200万円のものが多いが、なかには1000万円を超える金額もある。銀行預金の感覚で預けていた金が返ってこない。入居者や家族が激怒したのは、こうした背景があった。

高齢者向け施設の需要の急拡大が見込まれているなかで、事業者の経営破綻が増える理由。聖母の会の事例が示すとおり、金融面でのサポートが難しいことが挙げられる。事業者が銀行などの金融機関に設備投資の融資を頼むケースは多いが、通常の住宅や病院と比較してまだ制度が確立されていないことから、積極的な融資が受けられているとは言い難い。

銀行側から見ると、融資に消極的にならざるを得ない理由がある。介護事業は、介護報酬の引き下げや予防介護への転換など国の政策に大きく影響されるため、経営推移の予見が難しい。また入居者の募集の面でもマンションとは違い数カ月で「完売御礼」とならないため、資金繰り悪化による事業者の破綻リスクが比較的大きくなりがち。従来の不動産融資とは異なった判断を要する場面が多いのだ。

さらに入居保証金は、将来の負担増加を避けたい入居者や家族にとっては安心感のある制度だが、事業の安定性から見れば、一定期間ごとに利用料を払う「家賃」制度のほうが理にかなっていると指摘する専門家もいる。急速に拡張する高齢者施設のニーズに対して、事業者側の経営体力、金融機関の知見、行政側の制度などがうまくかみ合っていないのではないかという疑念がぬぐえない。

■重要事項説明書のチェックを

では、現時点で有料の高齢者施設を選ぶ場合、どのような点に注意すべきか。

まず各都道府県の保健福祉局などが公表している「重要事項説明書」を確認することだ。これには各施設の状況が記されており、誰でもホームページなどで閲覧が可能だ。室数と定員が示されているので、事業者側に現在の入居者数を聞けば、入居率を自分で計算できる。一概には言えないが、おおむね80％以上であれば経営環境は安定しているといえる。入居率を左右するのは、その施設が「介護」サービスを提供しているかどうか。現在人気なのは「介護付き」物件なので、将来の入居率を予想するうえでもポイントとなる。

さらに重要事項説明書では、従業員の配置もしっかり確認しておきたい。職員体制の項目で職員1人当たりの入居者数や、看護、介護職員数、常勤、非常勤などの雇用状況が記されている。

入居保証金の保全状況も確認できる。現在は法律によって500万円以下は保全措置が取られているが、2006年以前に設立された施設は今回の聖母の会のように保全されていないケースがある。（注：事業者によっては06年以前であっても保全措置を自主的に取っている）

また、500万円を超える高額保証金も、不動産投資信託（REIT《リート》）が出資しているケースでは保全されていることもあり、チェックが必要だ。

いずれにしても終《つい》のすみかになる可能性がある物件。しっかりと情報収集をして、場合によっては家族だけでなく専門家にも意見を求めて、細心の注意で選択したいものだ。

名医は名経営者にあらず　病院破綻の深淵　緑生会

高齢者が増える中、「病院が破綻する」と聞いて奇異な印象を持つ人も多いのではないだろうか。経営状態まで気にして診てもらう患者もいないだろう。しかし、ここ数年の推移を見ると年間30～40に及ぶ医療機関（歯科医院含む）が倒産に至っているのが実情だ。総合病院からクリニック、歯科、さらには介護老人保健施設の運営も手掛ける医療法人緑生会（千葉県我孫子市）は2014年8月に東京地裁へ民事再生法の適用を申請、負債総額約63億7900万円の大型倒産となった。業容拡大を狙い総合病院を新設して、わずか1年半後の破綻。一体何が起きたのか。

■お産呼吸法の権威

千葉県我孫子市に隣接する印西《いんざい》市。北総線印西牧の原駅から歩いて20分のところに、緑生会の破綻の引き金となった「印西総合病院」がぽつんと建っている。繁華街から離れているため人影はまばら。周辺の道を行き交うのはほとんど車だけだ。

破綻後、同病院は消化器外科や脳神経の内科・外科、泌尿器科などを休止し、主に産婦人科と小児科、内科に絞って診療を継続している。「不便な場所で利用したことはなかったが、それでも緊急のときに駆け込める病院があるのは心強かった」。駅で会った60代の男性は、大幅な規模縮小について残念そうに話した。

緑生会は理事長の橋本明が1995年10月に茨城県藤代町《ふじしろまち》（現在は取手市）で開業した「橋本産婦人科クリニック」を前身としている（同クリニックは2006年5月に閉鎖）。橋本は昭和大学医学部を卒業後、東京警察病院に勤務し産婦人科医長を務めた医師で、「気功式出産」のリーブ法を開発したことで知られる。お産の際の呼吸法といえば、緊張をほぐすラマーズ法が代表的だが、リーブ法は、リラックスだけにとどまらず、「医学的根拠に基づいた呼吸法」「エクササイズで痛みを和らげスムーズな出産へと促す呼吸法」と説明され、信奉者も多い。産婦人科医としての実績は高く評価され、当時、遠くからの来院も多かったようだ。

98年8月に緑生会に改組。01年にはJR「我孫子駅」から徒歩5分の場所に「あびこクリニック」を開設する。産婦人科、内科、小児科、歯科を設置した同クリニックが順調に推移したこともあり、02年7月期（後に決算期変更）の年収入高（一般企業の年間売上高に相当）は約9億円弱と前の期に比べ倍増した。

勢いはさらに加速していく。04年10月には、茨城県茨城町に入所定員100名の介護老人保健施設「桜の郷　祐寿苑」を開設。その後も、07～11年にかけて歯科クリニック4施設のほかクリニック2施設、助産師専門学校、助産院を開設するなど短期間のうちに業容を急拡大させた。助産師の評判も良く、クリニックで受けたお産の数は年間1000件前後にも及んだという。結果として、12年4月期の年収入高は約20億円に達した。

次々とクリニックを開設していたことからもうかがい知れるが、橋本は医師としての腕前や技術に傾注した職人肌だけの人物ではなかった。事業家としてのクリエイティブな側面も持ち合わせていたようで、当時を知る関係者は「いつしか総合病院の経営をしてみたいとの思いをもつようになっていった」と語る。12年11月に競合の総合病院が我孫子市に開設されたことも、橋本の事業家としての野心を刺激したのかもしれない。

地方の人口減少が叫ばれる中、印西市は千葉ニュータウンといわれる数少ない人口増加地区だ。市はインフラ整備の一環として、入院や手術を要する症例に対応できる、いわゆる「二次救急医療施設」となる250床規模の病院誘致に力を入れており、緑生会の思いと見事に合致した。市の後押しを背景に複数の金融機関によるシンジケートローンで約40億円の資金を調達。13年1月に印西総合病院の開設にこぎ着けた。

■医者が足りない

ただ、スタート時から過剰設備の懸念が一部で指摘されていた。同病院は第1期として81床、第2期として141床に増床（合計222床）する計画だったが、1期目の段階で既に増床の際のキャパシティーを見越した設備投資を行っていたからだ。

そして、設備以上に懸念されていたのが総合病院に見合う医師・看護師の陣容の確保だった。緑生会は関係者などに対し「(人繰りの)めどはついている」と説明していたようだが、実は千葉県の「東葛《とうかつ》・北総」と呼ばれる当該・周辺エリアは病院の新設や建て替えが多く、医師や看護師からみて圧倒的な売り手市場。人材確保は難航したもようだ。

さらに印西市は人口が増加しているものの、思いの外、子育て世代が増えていなかったことも見込み違いだったようだ。開設当初、産婦人科、小児科、乳腺科、消化器科のみで、既存利用者が利用するケースが多く、新たな患者の利用が想定を下回ることになる。

その後、内科や整形外科、皮膚科などを増設したものの、曜日ごとの担当医の掲示板はスキマだらけだったという。地域の二次救急を担う拠点としてスタートしたにもかかわらず、これでは継続性を伴う高度な医療を提供できるはずもなく、外来から入院への移行も寸断された。

経営破綻の直前の期となる2014年4月期の年収入高約24億円に対し約9億円の経常赤字を計上。債務超過に陥り、ついには支払いに支障を来たした。民事再生法申請時の負債は年収入高の２・６倍にまで膨れ上がっていた。

医療機関の倒産は、この当時10年間で３６８件発生しており、このうち収入不足などの、いわゆる本業不振が原因の倒産は約４割を占める。他業界を含めた倒産全体で見た場合、本業不振が原因の倒産は８割以上に達するので、医療機関は顧客（患者）に見放されて倒産するケースが比較的少ない業態だとも言える。病気やけがは景気の影響で増減するわけではないので、当然のことかもしれない。

■管理者も不足していた

一方で、医療機関の倒産では「放漫経営」や「経営計画の失敗」といった内的な背景に起因する倒産が３割以上を占めており、他業界と比べて突出して高いのが特徴だ。今回の緑生会のケースには当てはまらないが、経営の甘さから乗っ取り屋グループに病院を食い物にされ、倒産に至ることも、実は珍しいことではない。外部環境より組織内部に落とし穴が潜んでいるところに、病院経営の深淵がある。

「総合病院というよりはクリニックの個人経営者ということだったのかもしれませんね」。

倒産後、橋本についてのこんな声が周辺から聞こえてくる。産婦人科医としての腕前と、組織を率いる経営者としての能力は別物なのだ。

これは病院に限らず一般企業においても同様なことが言えるのではないか。優秀な技術者や研究者、営業のプロなど現場で輝かしい結果を出してきた者が、管理・経営の立場に回った途端にぱっとしなくなるのはよくあることだ。「医師だけではなく、管理者も足らなかったのではないか」との指摘は、医療関係者だけではなくビジネスパーソン皆が受け止めるべき教訓を含んでる。

column

倒産の予兆を知る「目利き力」
手形は情報の宝庫

信用調査マンはどのように倒産につながる情報をキャッチするのか――。信用調査マンならではの、情報収集のコツを伝えよう。

■ヒト、モノ、カネのチェックシート

帝国データバンクは企業の分析にあたって、ヒト、モノ、カネの3つの角度からみるチェックシートを用意している。倒産につながる情報も3つの角度でみていく。

ヒトについては、会社の管理職が辞めるタイミングが倒産の予兆の1つだ。特に注目すべきは営業部長、経理部長。例えば、経理部長が銀行から来ている会社の場合、辞めた後に後任が銀行から来ない場合だ。また、経営トップの肩書があまりに多いのは危険だ。業界団体の役職、政治団体などの肩書が増えると、本業がおろそかになりがちだ。経営を部下に任せきりにしてしまい、会社が火の車になるのに気づかない経営者がいる。

社内の雰囲気も重要だ。売り上げ規模の割に会社の電話が鳴っていなかったり、来客が極

端に少なかったりする場合や、大量採用・大量離職が起きている会社は要警戒だ。「予告もなく、突然店を閉めた」などの情報や従業員への給料遅配などの情報は重要な端緒となる。

モノに関しては、「▲▲会社が高価な商品をたたき売っている」といった商品の換金売りなどの情報が重要だ。同時に、市場価格より高い価格でも原材料・商品の仕入れを行う会社は、ほかの仕入れ先から見放されるといった危険が潜む可能性がある。

急激な製品発注の増加や購買量の増加には注意したい。経営が立ち行かなくなることを見込み、民事再生法などを申請した後に営業を継続するため、あらかじめ商品を大量に仕入れておくケースがある。流通大手などからの大口の返品やトラブルの情報などもキャッチしたい。

カネについて、倒産の兆候はやはりお金の動きから分かることが多い。例えば「○○社から月末に払われるはずのお金が入ってこない」という情報はすぐに回ってくる。理由を直接聞きたいが、「会社の力関係もあってなかなか聞けない」という場合が多く、信用調査会社に問い合わせが入る。

月末に経理担当者や社長がみつからないのは危うい兆候だ。資金繰りが苦しい会社に対しては、取引先の銀行員が様子をみに行くことがある。このため、それも危険を知らせるシグナルになる。

資金繰りの苦しい会社は従来取引のあるメガバンクや地方銀行、信用金庫で手形を割引し

column

てもらえなくなる。そういった場合、市中の割引業者（いわゆる市中金融）に手形を持ち込み、割引（額面より少ない価格での換金）で現金化しようとする。このため、「手形割引」は信用調査マンが特に注目する情報だ。

割引業者は手形の過去の履歴に詳しいほか、手形の成因にも注意を払う。例えば、建設会社が突然、異業種の食品会社と取引する、といった手形には警戒する。手形の通し番号には注目。通し番号が大きいのは、それだけ手形を多く切っているからで、そこから資金繰り悪化の可能性を考える。さらに「収入印紙の貼り方」「チェックライターを使わず手書きで数字が書いてある」「社判がいつもはきちんと押してあるのに、今回は斜めになっている」などの些細な変化から、割引業者は手形が落ちるかどうかを見極める。それだけに、信用調査マンは手形業者の動きに注目している。信用度の低い会社の手形は換金してくれない場合も多いため、割引率の高い（換金額が少なくなる）金融会社を回ることになる。そうした情報や業者間で手形割引を断られる「割り止め」の情報は重要だ。

手形の期間が長くなることで経営の異変が分かる場合もある。昔から呉服業界には210日（約7カ月）の長い期間の手形があるが、一般的には支払い期間が長くなるのは危うい兆候だ。返済期間を伸ばさないと資金繰りが難しくなる現れだからだ。支払い期間が90日だったのが120日、150日になるのは重要な情報と見るべきだ。決済する銀行の変更には注意が必要だ。従来メガバンクのA銀行から振り出していた会社がB銀行に変更する場合、A

column

銀行からの取引が厳しくなっているケースがある。

■ネット情報も重要になってきた

「情報は信頼関係と足で稼げ！」と信用調査マンはずっと言われてきた。情報をキャッチして人に会い、資料を集めるなどして裏付けをとることが何より大切なのは、今も昔も変わらない。だが、インターネット全盛の現代にあっては、情報のキャッチの仕方は少しずつ変わってきた面もある。フェース・ツー・フェースに加えて、ソーシャルメディアの情報は重要になっている。

数年前、帝国データバンクに入社したばかりの新人社員が、ネットで倒産関連の情報を検索。ツイッターに「会社が潰れてもう貨車の模型買えない」という趣旨のつぶやきを偶然みつけた。それは鉄道模型ファンに有名な会社で、慌てて調べたところ、この会社が前日に破産していると分かった。東京・秋葉原の有名なゲームソフトの会社の場合、建物のシャッターが閉まっていて「破産しました」と貼り紙をしてあるのを写真に撮ってブログにアップした人がいたのがきっかけになった。裏づけをしっかりとるのはいうまでもないが、こうした事例は今後も増えてゆく可能性がある。

帝国データバンク情報部《ていこくでーたばんくじょうほうぶ》

1900年創業の民間信用調査会社。国内最大の企業情報データベースを保有。帝国データバンク情報部は、中小企業の倒産が相次いだ1964年、大蔵省銀行局からの倒産情報提供に応じるかたちで創設。情報誌「帝国ニュース」の発行、「全国企業倒産集計」などを発表している。

藤森　徹《ふじもり・とおる》

1963年生まれ。スポーツ用品メーカー勤務を経て92年帝国データバンク大阪支社入社。倒産を扱う「情報部」で25年間企業取材を行なう。大阪支社、福岡支店を経て東京支社情報部長を務めた。著書に『御社の寿命』（共著、中央公論新社）。

日経プレミアシリーズ｜337

あの会《かい》社《しゃ》はこうして潰《つぶ》れた

二〇一七年四月　十　日　一刷
二〇一七年五月二十五日　六刷

著者　帝国データバンク情報部　藤森　徹
発行者　金子　豊
発行所　日本経済新聞出版社
http://www.nikkeibook.com/
東京都千代田区大手町一―三―七　〒一〇〇―八〇六六
電話（〇三）三二七〇―〇二五一（代）
装幀　ベターデイズ
組版　マーリンクレイン
印刷・製本　凸版印刷株式会社

ISBN 978-4-532-26337-9　Printed in Japan

日経プレミアシリーズ214

保険会社が知られたくない生保の話

後田　亨

「『医療保険』は検討に値しない」「いまどき『保険で貯蓄』は疑問」「難解な商品は避ける」――。生命保険のカラクリ、業界の裏話から、数少ない「おすすめ」商品まで、生保会社の営業として長年勤務した経験のある保険アドバイザーが、具体的な企業名や商品名を挙げて明かす生保のすべてがわかる本。

日経プレミアシリーズ209

税務署は見ている。

飯田真弓

調査対象に「選ばれる」ステップとは、調査官を燃えさせる三つの言葉って何……。長年の実務経験を持つ元国税調査官が、豊富なエピソードとともに税務調査の実態を語る。なかなか知ることのできない、「税務署の仕事」を詳しく紹介。

日経プレミアシリーズ335

労基署は見ている。

原　論

新入社員の自殺が労災認定された大手広告代理店問題で一躍注目を浴びる労働基準監督署。どんな組織で、どうやって調査するの？どういう会社がターゲットになるの？　タレコミやガサ入れの実態は？　元監督官が明かす知られざる全貌。